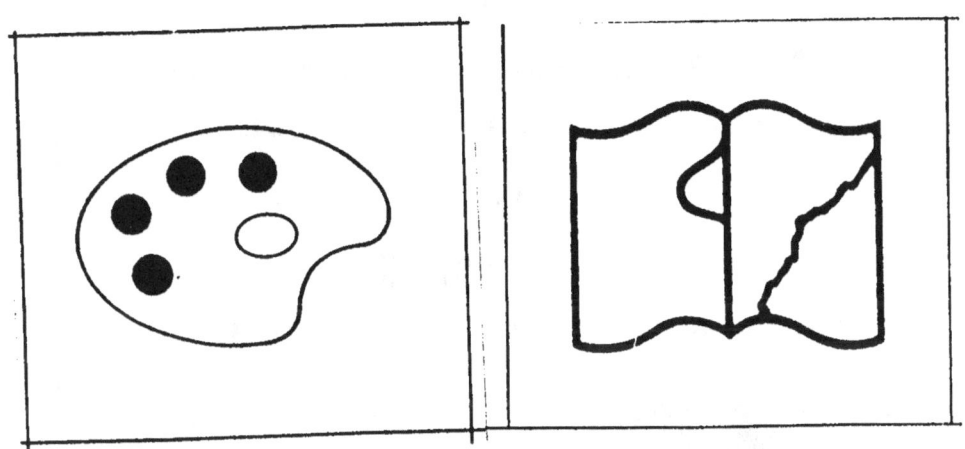

NOUVEAU THÉATRE

DE

LA JEUNESSE

SCÈNES ET DIALOGUES

POUR

LES FÊTES DES PENSIONNATS DE JEUNES FILLES

AVEC COUPLETS ET MUSIQUE

PAR

Mme MANCEAU

AUTEUR DE CÉLINE, D'UNE FLEUR POUR CHAQUE FÊTE, ETC.

PARIS

VICTOR SARLIT et Cie, LIBRAIRES-ÉDITEURS

Rue de Tournon, 19

MÊME LIBRAIRIE

NOUVELLE BIBLIOTHÈQUE DES FAMILLES

L'Art de la Conversation, au point de vue littéraire et chrétien, par le *R. P. Huguet*; troisième édition.

De la Charité dans les conversations, par le même auteur; deuxième édition.

Du luxe au point de vue de la religion, de la famille et des pauvres, par le même auteur.

Faits et Récits contemporains, nouveau Recueil anecdotique, par M. *G. de Cadoudal*.

Scènes historiques, suivies de chroniques et de légendes, par M. *Leclère d'Aubigny*.

Vacances en famille, Récits historiques, anecdotiques et légendaires, pour édifier, instruire et récréer la jeunesse, par M. *Buron*, sous-bibliothécaire à Sainte-Geneviève; deuxième édition.

Politesse et Bon Ton, Devoirs des jeunes femmes chrétiennes dans le monde, par madame la comtesse *Drohojowska*; deuxième édition.

Les Soirées de charité, par le même auteur.

Cours de lectures morales composé des plus beaux traits et propres à mettre en relief les vertus chrétiennes, par M. *Fresse-Montval*; quatrième édition.

La Morale au coin du feu, ou Simples Récits et Conseils suivis d'un choix de poésies, par M. *Caron*.

La famille Dumonteil, ou Explication des sept sacrements, par madame *Marie de Bray*; troisième édition.

Le Pouvoir de la charité, ou Blanche et Mathilde, par le même auteur; deuxième édition.

Le Bonheur de la religion, ou l'Aveugle de Brunoy, par le même auteur.

L'Ange du pardon, ou Henriette de Tézan, épisode de la maison de Saint-Cyr, par le même auteur.

Souvenirs de la Sainte Enfance, par M. *de Montrond*.

Voyage à Constantinople, par M. *Poujoulat*.

NOUVEAU THÉATRE

DES

JEUNES DEMOISELLES

PROPRIÉTÉ DU LIBRAIRE-ÉDITEUR

REPRODUCTION INTERDITE

MÊME LIBRAIRIE

Charades et Proverbes en action, nouvelles scènes dialoguées, pour servir aux récréations des pensionnats de jeunes filles, par Mme la comtesse DROHOJOWSKA.
  Un volume in-12 . . . . 3 fr. »

Nouveau Théâtre des jeunes filles, par Mme Marie CURO, de Saint-Brieuc. — Troisième édition, augmentée de deux pièces nouvelles.
  Un volume in-12, broché . . . . 2 fr. 50

Nouveau Théâtre dédié à la jeunesse chrétienne, par Mme GIRARD.
  Un volume in-12 . . . . 3 fr. »

Ce volume contient : *La Fille de Jephté*, qui se vend séparément . . . . 75 c.
La Répétition d'Athalie ou *l'Épreuve*. 75
La Jalousie. 75
Les Bohémiennes 75

Souvenirs de la Sainte-Enfance, Recueil de traits contemporains, par M. DE MONTROND.
  Un volume in-12 . . . . 1 fr. 25

On trouve dans ce volume *Rosalie et Berthe*, charmant dialogue pour quatre petites filles, et les *Jeunes Herboriseurs*, dialogue pour cinq garçons.

Choix de Dialogues en prose et en vers à l'usage des Enfants, par le R. P. CHAMPEAU, ancien supérieur de petit séminaire.
  Un volume in-18 . . . . 1 fr. 10

La plus belle des fleurs est celle de l'innocence.

NOUVEAU THÉATRE
DE
LA JEUNESSE

SCÈNES ET DIALOGUES
POUR LES
FÊTES DES PENSIONNATS DE JEUNES FILLES
AVEC
COUPLETS ET MUSIQUE
Par Mme MANCEAU
Auteur de Céline, d'une Fleur pour chaque fête, etc.

PARIS
NOUVELLE LIBRAIRIE CLASSIQUE
VICTOR SARLIT, LIBRAIRE-ÉDITEUR
RUE DE TOURNON, 19
—
1884

A MESDAMES LES INSTITUTRICES

Pendant les longues années que j'ai consacrées à l'éducation des jeunes demoiselles, l'organisation de la fête de famille qui devait avoir lieu pour la distribution des prix était toujours un grand souci pour moi.

Faire répéter à mes élèves ce qu'elles avaient appris sur les différentes branches de leur instruction me semblait bien long et bien ennuyeux même pour les parents. Faire réciter de jolies pièces de vers était assurément plus agréable ;

cela joint aux morceaux de musique, exécutés par les novices cantatrices ou pianistes, avait bien son charme; et c'est souvent le parti que je pris pour mêler un peu de plaisir à ces solennités. Mais comme il faut varier, souvent aussi je faisais pour mes élèves de petites pièces dont les rôles, bien appropriés à leurs divers caractères, étaient facilement appris par elles et répétés avec tant de naturel que tout l'auditoire en paraissait charmé. Sans doute j'aurais pu trouver de jolies comédies toutes faites ; mais plusieurs soit par la difficulté des décors, soit par l'embarras des costumes n'étaient point mon fait. Je voulais d'ailleurs qu'en amusant leurs parents, mes élèves pussent trouver pour elles-mêmes quelques moralités dans les simples rôles qu'elles avaient à remplir.

J'offre aux institutrices quelques-unes de ces pièces qui me paraissent devoir leur être utiles. Je me suis attachée, en travaillant comme je le faisais pour moi-même, à y faire paraître beaucoup de jeunes personnes, soit grandes, soit petites, afin de satisfaire parents et élèves, chose bien importante pour ne blesser aucune susceptibilité. Il serait bien facile de diminuer au besoin le nombre des personnages, en faisant dire à une même élève ce que je fais dire à plusieurs dans le même sens.

Toutes ces pièces sont mêlées de couplets qu'on peut aussi supprimer à volonté ; mais qu'il serait bon d'y laisser, pourvu que les jeunes filles eussent seulement la voix juste ; car ils y donnent plus de sel ou de gaieté.

J'espère au surplus que, dans les institutions religieuses ou laïques, ces diverses petites pièces seront agréables et utiles ; car, en les composant, je ne me suis jamais écartée du but moral qu'elles devaient avoir.

LE
PRIX DE VERTU

LE
PRIX DE VERTU

DRAME EN 3 ACTES

Avec Couplets et Musique

PAR

MME MANCEAU

Maîtresse de Pension à Paris

PARIS

VICTOR SARLIT ET Cie, LIBRAIRES-ÉDITEURS

Rue de Tournon, 19

LE PRIX DE VERTU

Pièce en trois actes
MÊLÉE DE COUPLETS.

PERSONNAGES.

LOUISE, } grandes pensionnaires.
MARIE,

OLYMPE, } un peu plus jeunes.
SOPHIE,

PLUSIEURS ÉLÈVES de différents âges.

LEUR INSTITUTRICE.

Mme BRÉMONT, mère de Marie et tante d'Olympe.

GENEVIÈVE, l'une des domestiques du pensionnat.

UNE NOURRICE.

BABET et JAVOTTE, ses enfants.

LE
PRIX DE VERTU

ACTE PREMIER.

La scène a lieu dans la salle d'un Pensionnat.

SCÈNE PREMIÈRE.

LOUISE, MARIE *(assises à une table).*

MARIE *(lisant un papier).*

Parfaitement, pas une faute : j'avais pourtant consigné ici toutes les difficultés de notre langue.

LOUISE *(d'un air joyeux).*

Vraiment?...

MARIE.

Assurément, ma chère, vous n'avez manqué à aucune des règles où il est le plus facile de faillir quand on n'est pas bien forte : les mots *tout, quelque,* les participes, quoique placés dans des phrases passablement embrouillées, ont été écrits par vous sans la moindre erreur.

LOUISE.

Vous croyez donc que je suis ferrée maintenant de façon à ne plus faire de faux pas?

MARIE.

Oui, ferrée à glace.

LOUISE.

Quel bonheur! Ah! Messieurs les interrogateurs, si difficultueux souvent pour les pauvres récipiendaires, et qui m'avez marqué tant de fautes même pour des accents oubliés; si vous voulez vous moquer de moi, c'est moi qui me moquerai de vous à mon tour.

MARIE (*sérieusement*).

Vous voulez encore vous moquer, Louise, ah! ce n'est pas bien. D'ailleurs vous savez maintenant que tout ce qu'on vous a reproché était de véritables fautes.

LOUISE.

C'est vrai, je le sais, grâce à vous qui, en dehors de toutes les leçons des professeurs, avez eu la bonté de me faire tant travailler. Oh! la mauvaise tête que j'avais alors! m'a-t-elle causé d'humiliations!... (*d'un air presque timide*). Et tous ces problèmes que vous m'avez posés hier, les ai-je bien résolus?

MARIE (*après avoir examiné un peu de temps le papier présenté*).

A merveille! allez, allez sans crainte subir votre examen : je suis persuadée que vous en reviendrez victorieuse.

LOUISE (*ravie*).

O ma mère! que tu seras contente! Chère Marie, mon bon ange! je vous devrai son bonheur et le mien : comment vous en témoigner toute ma reconnaissance?

MARIE.

Eh! ma chère, vous ne m'en devez pas : n'était-il pas tout naturel que moi, qui venais de passer par une épreuve toujours si pénible pour une jeune fille, je vous fisse part de toutes les difficultés qu'on m'a proposées, et que je vous misse à même de vous en tirer avec honneur? N'est-ce pas le devoir de toute bonne compagne d'en agir ainsi?

LOUISE.

Sans doute ; mais, moi, je ne pouvais être votre compagne de prédilection : Oh ! non, vous deviez même me haïr : j'étais si taquine, si moqueuse ! je vous ai tant fait souffrir à votre arrivée ici. Ah ! les larmes que je vous ai fait verser me pèsent encore sur le cœur. Et pour prix de toutes mes méchancetés, c'est vous qui m'avez tendu la main pour me relever quand j'étais si humiliée après mon examen manqué, vous qui m'avez rendu le courage en me faisant tant travailler, qui vous êtes privée de tant de distractions pour m'être utile ! Non, jamais, jamais je n'oublierai ce que je vous dois..... mais comment faire pour vous le prouver?...

MARIE (lui tendant la main).

En m'aimant, ma Louise.

LOUISE (l'embrassant avec effusion).

Ce mot met le comble à toutes tes bontés pour moi ; permets que je ne te donne plus que ce doux nom, et que je ne me serve plus avec toi de ce triste *vous* qui s'était glissé entre nous, peut-être à cause du mauvais accueil que je t'ai fait à ton arrivée ici.

MARIE.

Je le veux bien, puisque tu m'aimes, tu m'es chère aussi, et nous nous aimerons toujours.
Mais, va te préparer pour ton examen, l'heure approche. Dis-moi : as-tu bien repassé cette partie de l'histoire sainte que je t'ai indiquée ?

LOUISE.

Je l'ai lue et relue plus de dix fois, et je la sais maintenant sur le bout de mon petit doigt.

MARIE.

Allons, ma Louise, bon courage, va, j'ai l'espérance que

tu ne seras pas bien longtemps sur la sellette, et que tu en sortiras triomphante.

    LOUISE (*l'embrassant de nouveau*).

Oiseau de bon augure! cher ange! Ah! que je te remercie! (*Elle part.*)

SCÈNE II.
MARIE (*seule*).

Cette pauvre Louise s'en va-t-elle contente! Que je suis heureuse d'avoir pu parvenir à la rassurer et à la mettre à même de ne pas échouer encore! Oh! si elle a cette fois son diplôme, j'en serai presque aussi heureuse que lorsque j'ai reçu le mien! Comme j'ai bien fait de ne pas écouter ma petite rancune de tous ses mauvais procédés à mon égard, et les suggestions de quelques-unes de mes compagnes qui me disaient : Quoi! tu veux t'occuper de cette moqueuse qui t'a si souvent molestée! — Eh! mon Dieu, est-ce que la religion ne nous commande pas d'oublier les injures, de faire du bien même à ceux qui nous ont fait du mal? D'ailleurs, était-ce du mal qu'elle voulait me faire? Savait-elle combien ses mauvaises plaisanteries m'étaient pénibles? Elle voulait s'amuser, voilà tout; sa tête était légère, mais son cœur est bon, je le vois. Comme elle semble m'aimer maintenant! Eh bien! elle ne le ferait pas, elle retomberait à mon égard dans sa condamnable habitude, que je ne regretterais pas de l'avoir obligée : Mon cœur me commandait d'en agir ainsi, et je jouissais de l'écouter. (*Elle chante.*)

Andante.   Air : *C'est à mon maître en l'art de plaire.*

Qu'il est doux pour la conscience
d'a-voir ac-compli son de-voir;

LE PRIX DE VERTU

Mais qui vient? Ah! c'est maman.

SCÈNE III.

La Même, Mme BRÉMONT.

MARIE.

Bonjour ma bonne mère. Ah! comme tu as l'air content.

Mme BRÉMONT.

Je le suis, en effet, ma fille, ma chère fille, je viens t'annoncer une heureuse nouvelle : j'ai gagné mon procès.

MARIE.

Quel bonheur! chère maman, je ne te verrai donc plus inquiète et soucieuse?

Mme BRÉMONT.

Et toi, chère enfant, tu ne seras donc pas obligée, pour vivre, d'exercer une profession, honorable sans doute, mais si pénible, que je gémissais à tout instant de t'y voir condamnée. Néanmoins, je suis heureuse que, grâce à ton travail, tu aies acquis la faculté d'enseigner, si jamais le sort te devenait contraire : La fortune peut se perdre, vois-tu, mais le talent reste.

MARIE (gaiement).

Allons, *à quelque chose malheur est bon :* assurément, sans ce fatal procès qui nous a si fort tourmentées, je n'aurais pas travaillé avec tant de persévérance pour être à même de subir des examens; tu n'aurais pas fait tant de démarches pour obtenir ma dispense d'âge, et je ne posséderais pas à présent le brevet de capacité dont tu te félicites.

Mme BRÉMONT.

Ah! mon enfant, rendons grâce à la Providence, qui conduit tout sans cesse pour le mieux.

MARIE.

Crois, chère maman, que je n'y manquerai jamais.

Mme BRÉMONT.

Ah! ça, ma bonne fille, après la distribution des prix, tu reviens avec moi; quand aura-t-elle lieu?

MARIE.

Mais aujourd'hui même : n'as-tu donc pas reçu de lettre d'invitation?

Mme BRÉMONT.

Probablement qu'elle est chez moi : j'arrive à l'instant de la campagne de ton grand-oncle.

Eh! bien, espères-tu beaucoup de prix?

MARIE.

Mais aucun, bonne mère : Les études que j'ai été obligée de faire pour ma réception m'ont empêchée de suivre les concours. J'ai d'ailleurs reçu l'an passé, tu le sais, tous ceux que je pourrais disputer aujourd'hui à mes compagnes ; et il ne serait pas juste à moi de chercher à les leur ravir.

Mme BRÉMONT.

Assurément. Mais le beau prix de vertu que la fondatrice de cet établissement a institué pour stimuler dans les jeunes personnes les qualités qui doivent un jour les rendre encore plus chères à leurs familles, ne pourrais-tu y prétendre?

Tu as tant travaillé pour obtenir un diplôme, malgré ton jeune âge !

MARIE.

Cela m'étant une chose tout-à-fait personnelle, ne m'y donne aucun droit.

Mme BRÉMONT.

Oh! toute personnelle! Je sais, moi, que le désir de me tranquilliser sur notre avenir, a surtout stimulé ton zèle.

MARIE.

Je ne dis pas non ; mais chérir sa mère est un sentiment si naturel, qu'on ne peut donner un prix pour cela.

Tiens, par exemple, dans le but de te devenir plus utile, en acquérant plus de talents, je me suis beaucoup appliquée aussi à la musique : faudra-t-il qu'on m'adjuge un prix de vertu parce que je joue passablement du piano?

Mme BRÉMONT.

Mais que faut-il donc avoir fait pour l'obtenir?

MARIE.

Quelque chose d'extraordinaire, maman. Je crois qu'il sera décerné à Olympe.

M·ᵐᵉ BRÉMONT (d'un air étonné).

A ta cousine? O mon enfant, vaut-elle donc mieux que toi?

MARIE.

Elle paie sur ses menus plaisirs les mois de nourrice de l'enfant de nos anciens concierges, morts tous deux du choléra. C'est, assurément, ce que tout le monde ne peut faire.

Mᵐᵉ BRÉMONT.

Cela lui est bien difficile : ses parents, si riches, l'accablent de dons!

Oui, maman; mais elle pourrait employer leurs libéralités d'une autre manière : il est juste que la bienfaisance soit récompensée.

Mᵐᵉ BRÉMONT.

Assurément. Mais Olympe ne se prive pas pour cela de tout ce qui peut lui être agréable : les rubans les plus frais, les chapeaux les plus à la mode sont toujours pour elle. Que j'ai souvent souffert de voir la différence de vos mises!

Va, il n'en sera plus de même, chère enfant.

Mais puisque Olympe est bonne, comment ne lui est-il pas venu quelquefois à l'idée de suppléer à ce que je ne pouvais te donner? Dans sa position, j'en suis sûre, tu aurais fait bourse commune avec elle.

MARIE.

Sans son adoption, c'est probablement ce qu'elle aurait fait : elle me l'a répété bien souvent.

Mᵐᵉ BRÉMONT.

Allons, il paraît que le prix de vertu sera pour elle. J'aurais été pourtant bien heureuse de te le voir adjuger!...

MARIE (gaiement).

Pauvre mère! Pas tant de vanité pour votre fille, s'il

vous plaît. L'envie et l'orgueil sont deux grands défauts ; vous-même me l'avez dit bien des fois.

Mme BRÉMONT (riant à son tour).

Tu ne sais donc pas qu'au regret de ne pas voir couronner ma bien-aimée Marie, je joins un vice que cette fille si parfaite blâmera encore plus sans doute.

MARIE (d'un air étonné).

Lequel donc, maman?

Mme BRÉMONT.

Un peu d'avarice, peut-être.

MARIE.

Toi, maman ? Cela est impossible : je connais trop bien tes nobles sentiments.

Mme BRÉMONT.

C'est pourtant vrai. Mais, pour mon excuse, je dois te dire que tous les frais que m'occasionne mon procès, sont les seules causes de la pensée intéressée qui m'est venue au sujet du prix en question.

MARIE.

Mais, maman, je ne comprends pas quel serait ton intérêt pécuniaire si je remportais ce prix? Il ne se distingue que par une couronne de roses blanches, et un livre plus beau que tous les autres.

Mme BRÉMONT.

Je vais t'expliquer cela. Ton grand-oncle qui, comme tu le sais, aime à se glorifier de ses petites nièces, me disait l'autre jour : Je voudrais bien que l'une d'elles, en sortant de sa pension, reçût l'honorable récompense qu'on y a instituée. Annonce à ta fille, comme je l'ai fait à Olympe, quand elle est venue me voir il y a six mois, que je tiens en réserve soixante-quinze napoléons pour celle des deux qui l'obtiendra.

Or, mon enfant, dans les circonstances où je me trouve, tu conçois que cette petite somme me serait bien nécessaire pour t'avoir un bon piano ; car d'ici à longtemps, ma chère fille, il me sera impossible de te le donner.

MARIE.

Ah! quel dommage que je n'aie aucun droit pour obtenir le prix! J'aurais été si heureuse d'avoir un bon instrument, je pourrais te faire voir comme je joue à présent.

Mais, va, quoique le nôtre ait le son d'une vraie épinette, je veux constamment m'y exercer, pour ne pas perdre un talent que tu m'as fait acquérir au prix de tant de sacrifices. Cela m'ennuiera un peu, mais j'en aurai plus de plaisir quand je posséderai un piano semblable à celui de ma cousine.

M⁽ᵐᵉ⁾ BRÉMONT (à part).

Et dire que c'est Olympe qui aura les quinze cents francs! (*Haut.*) Allons, je vois que tu es tout-à-fait philosophe, et ne dis pas comme moi, qu'il est désagréable de voir l'eau aller toujours à la rivière. (*Avec sensibilité.*) Va, mon enfant, je ne t'en aime que mieux, et mon cœur te décerne le prix que j'eusse tant désiré te voir obtenir.

MARIE (*l'embrassant*).

Bonne mère, ton approbation et ta tendresse, voilà ceux que je serai toujours fière et heureuse de mériter!

M⁽ᵐᵉ⁾ BRÉMONT.

Mais appelle donc ta cousine, que je la voie ; il ne faut pas que ma petite jalousie maternelle m'empêche de lui témoigner l'amitié qu'on se doit en famille.

D'ailleurs, puisque tu n'as aucun titre pour prétendre à ce prix, j'aime assurément mieux que ce soit ma nièce qui l'obtienne que toute autre jeune fille.

SCÈNE IV.

Mme BRÉMONT seule (regardant sortir Marie.)

Aimable enfant! tant de qualités et pas un défaut! L'heureuse mère que je suis! Hélas! si ma bien-aimée Marie n'obtient pas aujourd'hui la récompense que j'eusse tant aimé lui voir adjuger, j'espère que Dieu lui en destine une que nulle ne pourra lui ravir : son bonheur en cette vie et en l'autre doit être assurément le prix de toutes ses vertus.

SCÈNE V.

La Même, OLYMPE ET MARIE.

OLYMPE (tenant un petit bonnet d'enfant).

Bonjour, ma tante; permettez que je vous félicite; car Marie m'a appris la bonne nouvelle qui vous concerne.

Mme BRÉMONT.

Merci, ma nièce. Tes félicitations ne sont au surplus qu'un prêté pour un rendu; car il paraît que moi-même j'aurai bientôt à te complimenter.

OLYMPE (affectant la surprise).

De quoi donc, ma tante?

Mme BRÉMONT (riant).

Ah! petite hypocrite, tu ne veux pas en convenir, mais je sais la pensée qui t'occupe. Tiens, ce petit bonnet en est une preuve. Tu travailles à obtenir le prix de vertu.

OLYMPE.

Eh! ma tante, je ne travaille pas aujourd'hui plus que de coutume. Quand on s'est chargée d'un enfant, il faut bien le pourvoir de tout ce qui peut lui être nécessaire. Demandez à Marie, s'il n'y a pas six mois que je m'en occupe.

Mme BRÉMONT (à part).

Six mois! Ah! c'est depuis la confidence du grand-oncle! (*Haut.*) N'importe pour quel motif, mon enfant, tu fais bien d'exercer la bienfaisance.

Il n'y a pas de vertu plus utile, plus estimable. C'est elle qui accroît la félicité du riche, qui adoucit les maux du pauvre; vrai lien de la grande famille humaine, elle attache les frères les uns aux autres; ceux-là par l'attrait du plaisir des bienfaits; ceux-ci par l'affection, par la reconnaissance.

MARIE.

Voilà bientôt ton dernier petit bonnet fini, Olympe : as-tu encore quelque chose à faire? Ne te gêne pas de me le donner, car je puis te remettre les trois petites robes que je m'étais chargée de te faire.

Mme BRÉMONT.

Tu travailles donc aussi pour le pauvre orphelin, ma fille.

OLYMPE (*d'un air suffisant*).

Ma tante, il n'est plus orphelin, puisque je l'ai adopté.

MARIE

Quand j'ai quelques moments de libres je seconde ma cousine. N'ayant rien à donner, il est bien juste que je me rende utile comme je le puis.

Mme BRÉMONT.

C'est très-bien, mon enfant, tu mériterais aussi le prix de vertu.

OLYMPE.

O ma tante! pour avoir fait quelques points au trousseau de mon enfant!...

MARIE.

Sois tranquille, ma chère Olympe, je n'ai pas la prétention de te le disputer.

LE PRIX DE VERTU.

Mme BRÉMONT.

Continuez à faire le bien (*regardant Olympe*), mais sans ostentation surtout. (*A toutes deux:*) Oui, continuez, continuez, et Dieu vous bénira. (*Elle chante.*)

Air : *Bons habitants du village.*

Le Seigneur comme un bon père, ai-me, chérit ses enfants; Mais sûrement il préfère tous ceux qui sont bien-fai-sants. L'or dont on fait mauvais u-sa-ge, bien loin de ser-vir, nui-ra; Mais quand au pauvre on le par-ta-ge à soi-même il pro-fi-te-ra; mais quand au pauvre on le par-ta-ge à soi-même il pro-fi-te-ra.

SCÈNE VI.

OLYMPE *seule.*

Eh ! bien, ma tante est-elle singulière ?... Ne voudrait-elle pas que ma cousine partageât avec moi le *prix de vertu :* Elle a fait plus d'ouvrage que moi à la layette, c'est vrai ; mais est-ce comparable à tout l'argent que j'ai dépensé pour le petit orphelin ? Ah ! cela va cesser bientôt, j'espère : quand j'aurai reçu le prix, je dirai que je ne puis continuer ; quelque autre personne s'en chargera.

Oui, mais si l'on apprend que mon oncle m'a donné quinze cent francs, que j'ai acheté de belles robes, des diamants..... Ah ! bah, qui le saura, puisque je ne serai plus ici ?.... Je n'en conserverai pas moins la réputation de bonne, de charitable, et voilà ce que je désirais ainsi que les beaux petits napoléons. Cependant, ma tante qui dit que l'or *mal employé nuira.*

Et ce pauvre enfant qui me souriait, qui m'eût appelée sa mère..., qui m'eût aimée en grandissant..... Ah ! ce doit être doux d'être aimé pour le bien qu'on a fait !...

Enfin, nous verrons, nous verrons... si l'on me donne toujours beaucoup d'argent, je pourrai continuer cette bonne œuvre. Au surplus, j'ai joliment bien fait de ne pas parler à Marie de la récompense promise par notre oncle : elle se serait efforcée de me supplanter, et elle y serait peut-être parvenue ; car, il faut l'avouer, elle est encore meilleure que moi. Mais, ne se doutant de rien, elle n'a pas fait autre chose que ce qu'elle fait toujours. (*Gaiement.*) Et j'aurai le prix, c'est certain, c'est certain, car je ne vois que Sophie qui cherche à me le disputer. Oh ! elle n'y parviendra pas, la pauvre Sophie !... tiens, la voici.

SCÈNE VII.

LA MÊME, SOPHIE (*un grand rouleau à la main*)

SOPHIE (*regardant dans la pièce*).

Marie n'est pas là ?...

OLYMPE.

Non, que lui veux-tu?

SOPHIE.

Je venais lui montrer cette carte de géographie, afin qu'elle me dise si j'y ai oublié quelque chose. Veux-tu l'examiner, toi?

OLYMPE.

Non, en vérité, tu vois que je travaille. (*A part.*) Elle est bonne cette Sophie! comme si l'on se donnait des verges contre soi-même!...

SOPHIE.

Oh! bien, tu n'es guère obligeante! Ta cousine qui terminait hier une robe autrement longue à faire que ce petit bonnet, a bien su se déranger pour me donner quelques conseils. Si l'on décernait un prix d'obligeance, c'est elle qui pourrait y prétendre, et même plus que nous au prix de vertu.

OLYMPE (*d'un air dédaigneux*).

Quoi! tu prétends à ce prix, toi?

SOPHIE.

Et pourquoi non? Tu sais comme j'étais indolente; j'ai travaillé cette année plus que vous toutes : je présenterai mes nombreux cahiers, mes différentes cartes au concours; et si l'on m'interroge sur tout cela, tu verras, tu verras comme je saurai répondre. L'histoire, la géographie, la cosmographie, la littérature, la versification même, rien ne m'est étranger à présent.

OLYMPE (*riant*).

Ah! Ah! Ah! Et tu veux un prix de vertu pour cela?

SOPHIE.

Pourquoi non? Savoir vaincre son inapplication, sa paresse, n'est-ce pas une vertu?

OLYMPE.

A la bonne heure ; mais si tu es plus forte qu'une autre en histoire, en géographie, etc., tu auras des prix sur ces diverses choses, voilà tout.

SOPHIE.

Mais si j'obtenais tous les prix ?

OLYMPE.

Et quand même ? pour avoir un prix de vertu il faut faire du bien aux autres, entends-tu ?

SOPHIE.

Ah ! parce qu'on te donne beaucoup d'argent, et que ne sachant comment l'employer, tu payes les mois de nourrice d'un petit orphelin, la grande affaire ! Il n'est pas une de nous qui, dans ta position, n'en eût fait autant !...

OLYMPE.

Laisse donc, laisse donc ; vous eussiez acheté mille bagatelles, toutes sortes de friandises, etc.....

SOPHIE.

Et toi, comme tu t'en es privée !

OLYMPE.

Je n'en paye pas moins les mois de nourrice de mon enfant ; et Madame, qui le sait, m'a donné à entendre..... *(On entend sonner.)* Mais on sonne le second déjeûner.

SOPHIE.

Eh ! bien, qui vivra verra... allons donc nous faire vivre ; pour moi, je meurs de faim.

OLYMPE.

Et moi aussi.

LE PRIX DE VERTU.

SOPHIE (*elle chante*).

Air : *Du Figaro*.

Allons restaurer bien vite notre ami le bon Gaster; il commande, il sollicite : C'est le plus grand magister. Laissons tout débat, ma chère, nos estomacs sont à bas, va, la gloire est éphémère puisqu'elle ne nourrit pas puisqu'elle ne nourrit pas.

Elles sortent.

ACTE DEUXIÈME.

SCÈNE PREMIÈRE.

Plusieurs Élèves de tout âge.

JOSÉPHINE *(une assez grande).*

Oh! que je suis contente! je n'ai pas fait la moindre faute à notre dernière dictée ; c'est moi qui aurai le prix d'orthographe de ma division, j'en suis sûre.

LUCIE *(une autre grande).*

Moi, j'ai résolu tous les problèmes, j'aurai celui d'arithmétique ; j'ai vu cela dans les yeux de nos juges.

MATHILDE *(une autre moins grande).*

Et as-tu vu comme ils ont été contents, ainsi que M. le Curé, quand j'ai nommé, sans me tromper, tous les noms des juges d'Israël, et que j'ai fait le récit de ce qu'ils ont fait ?

CLÉMENCE *(une du même âge).*

Et moi, quand j'ai expliqué toutes les persécutions ? Ah ! ils seront bien embarrassés de savoir à qui décerner le prix d'histoire sainte et d'histoire de l'Eglise.

MATHILDE.

Eh ! bien, ils le partageront entre nous deux ; pour moi, je ne serai pas fâchée d'avoir le même prix que toi.

CLÉMENCE.

Ni moi non plus.

LAURE *(une petite).*

Mais, mesdemoiselles, est-ce que je n'aurai rien, moi, qui ai raconté l'histoire d'Adam et d'Eve ?

JULIETTE *(autre petite).*

C'est bien malin : parce que tu aimes les pommes, et qu'il en est question dans cette histoire !...

LAURE.

Et dans celle de Caïn et d'Abel, dans celle de Noé qui sort de l'arche quand la colombe lui apporte un rameau vert ; parlait-on de pommes, là-dedans ? et n'ai-je pas bien raconté ces histoires ?

LUCIE *(autre moyenne).*

Si fait, si fait : tu as expliqué tout cela comme une grande fille.

LAURE *(à Juliette).*

Voyez-vous, mademoiselle, si bien que le grand monsieur qui avait un ruban rouge à sa boutonnière m'a embrassée de tout son cœur.

JULIETTE.

Et moi, quand j'ai nommé tous les chefs-lieux des départements de la France, il m'a caressé la joue.

PLUSIEURS GRANDES *(riant).*

Ah ! ah ! voyez donc cette jeune fille, cette grande demoiselle !.....

BLANCHE *(autre plus petite).*

Moi aussi, j'aurai un prix, car j'ai lu sans manquer dans un grand livre.

CLOTILDE *(9 à 10 ans).*

Oui, mais tu n'as fait sonner aucune consonne sur les voyelles.

BLANCHE.

Eh ! bien, si je n'y ai pas fait attention c'est que j'étais zhonteuse ; vous voyez que quand j'y pense je n'y manque pas.

CLOTILDE *(riant).*

A merveille, ici les *s* ne sont pas oubliées, et les *t* sais-tu les faire sonner de même ?

BLANCHE *(appuyant sur tous les t).*

Tout aussi bien, quand j'en vois-*t'un* au bout d'un mo*t-et* quand il y a après une voyelle.

CLOTILDE *(riant encore).*

Le tout est de ne pas t'y tromper, comme tu le fais en parlant. Oh ! tu saurais fort bien dire, je le vois : *Ton thé t'a-t-il ôté ta toux ?*

ÉMILIE *(une grande).*

Et le prix de style, mesdemoiselles, qui croyez-vous qui l'obtiendra ?

JULIE *(autre grande).*

Mais toi, peut-être : ta narration sur la mort de Régulus m'a semblé fort belle : après la lecture qu'on en a faite, j'ai vu ces messieurs approuver ta composition d'un signe de tête.

ÉMILIE.

Ils ont fait la même chose, ma bonne amie, en écoutant ta narration sur les charmes du printemps.

JULIE.

Eh ! bien, madame nous partagera sans doute le prix, et n'est-ce pas un plaisir que de partager quoi que ce soit avec une amie ?

MATHILDE.

Oui : madame, pour ne décourager personne et ne point exciter de jalousie parmi nous, a l'habitude de multiplier les prix ; cela coûte peut-être à sa bourse, mais satisfait son cœur maternel.

JUSTINE.

Cependant, comment pourra-t-elle faire, si nous avons toutes assez bien réussi au concours? il faut convenir que Sophie nous a encore dépassées, et que toute l'année elle a eu bien plus de bons points que nous sur toutes les études.

JOSÉPHINE.

Ah! si elle est parvenue à vaincre sa paresse, ça été pour obtenir le prix de vertu, j'en suis sûre.

LUCIE.

Eh! bien, qu'on le lui donne, et qu'elle nous laisse tous les autres.

JUSTINE.

Et Olympe qui a adopté un orphelin donc? pour moi, si l'on me demande ma voix, je la lui donne.

LUCIE.

Moi, à Sophie, pour qu'elle nous laisse les autres prix.

JOSÉPHINE.

Je suis aussi pour elle : il y a plus de mérite à beaucoup travailler quand on n'a guère d'aptitude, qu'à donner beaucoup d'argent quand on en a trop.

PLUSIEURS VOIX.

Moi, je suis pour Sophie.

D'AUTRES VOIX.

Moi, pour Olympe. (*D'autres plus fort.*) Moi pour Sophie; moi pour Olympe.

SCÈNE II.
Les Mêmes, LA MAITRESSE.

Eh! mesdemoiselles, pourquoi ce bruit? Ne dirait-on pas qu'il y a une émeute ici.

LUCIE.

Pardon, madame, c'est que nous sommes en train de parlementer.

LA MAITRESSE (*riant*).

Et qu'il n'y a pas là d'huissier pour vous faire taire, car Mlle Moreau conduit Sophie à l'Hôtel de ville. Mais quel était le sujet de votre délibération?

JUSTINE.

Madame, pensant que peut-être vous nous demanderiez à chacune notre voix pour déterminer à qui décerner le *prix de vertu,* nous nous concertions à cet égard.

LA MAITRESSE (*riant encore*).

Et vous n'étiez pas d'accord, je le vois : Gageons que chacune de vous plaidait sa propre cause et voulait l'obtenir.

JOSÉPHINE.

Pardonnez-moi, madame : nulle de nous n'a cette prétention.

LAURE.

Nous savons bien que nous sommes trop jeunes.

JULIETTE.

Et que la vertu n'appartient qu'aux grandes personnes.

UNE MOYENNE (*pour faire sa polie*).

Comme à vous, madame.

LA MAITRESSE (*riant*).

Bien obligée.

JUSTINE.

D'ailleurs aucune de nous, madame, n'est assez instruite pour sortir de pension cette année.

LUCIE.

Et nous nous en félicitons, pour ne point nous séparer encore de notre bonne amie, de notre seconde mère.

LA MAITRESSE.

On ne peut rien dire de plus aimable, mes chères enfants : cependant travaillez à l'avenir le mieux possible, afin de répondre aux sacrifices de vos bons parents; et surtout, oui, surtout, devenez toutes bonnes, bien bonnes, pour concourir au prix de vertu.

Eh! bien, à qui l'adjugez-vous cette fois?

JULIE.

Ah! madame, nous n'étions pas d'accord; les unes nommaient Sophie qui a tant travaillé; les autres Olympe; mais ce que vous venez de dire nous détermine : le prix sera sans doute pour cette dernière, car elle est bonne puisqu'elle fait du bien.

LA MAITRESSE.

Vous pourriez avoir raison, mes amies. Mais allez donc faire votre toilette pour la distribution, vos parents arriveront bientôt.

PLUSIEURS *disent en sortant.*

Voyez-vous qu'Olympe l'emportera.

SCÈNE III.

LA MAITRESSE (*seule*).

En effet, cette jeune fille m'a fait bien plaisir par son adoption; et pourtant, avant cette œuvre de bienfaisance, j'avais remarqué qu'elle était plus vaine que généreuse. Au surplus, les bonnes qualités croissent avec la raison, et voilà six mois qu'elle paye exactement les mois de nourrice d'un orphelin; bien des jeunes filles n'auraient pas tant de constance.

SCÈNE IV.

La Même, GENEVIÈVE, VIEILLE DOMESTIQUE.

GENEVIÈVE.

Madame, les tapissiers vous prient de venir voir si la salle est décorée à votre goût.

LA MAITRESSE.

Bon, j'y vais. Vous, Geneviève, vous direz au concierge de ne laisser entrer, pour la distribution des prix, que toutes les personnes qui ont leur lettre de convocation; vous savez que l'autre année il s'est introduit ici des intrus. Dites-lui que j'exige absolument qu'il ne manque pas à la consigne.

GENEVIÈVE.

Soyez tranquille, madame, il m'a dit cette fois qu'il serait pire qu'un cerbère.

GENEVIÈVE (seule).

Un cerbère! je ne sais ce que c'est; mais c'est égal, on dit toujours cela, et dans une maison d'éducation il faut parler comme il faut. Ah! quoique je n'aie pas été fort éduquée dans mon jeune temps, je me suis formée ici. Et quoique je ne sache que mon métier de servante, j'ai plus de raisonnnement que toutes ces jeunes filles qui ont toujours leur nez dans leurs livres. Par exemple, elles disent toutes que ce sera mademoiselle Olympe qui aura le prix de vertu parce qu'elle est bonne, généreuse. En quoi donc qu'elle est si bonne? Elle paye les mois de nourrice d'un orphelin, c'est vrai; mais qui a fait toutes les petites chemises, toutes les petites robes de l'enfant? Ce n'est pas elle, dà! On dit qu'elle est généreuse, je ne m'en suis pas aperçue, moi. Quoiqu'elle ait toujours beaucoup d'argent, elle ne m'a jamais donné de belles étrennes. Sa cousine, qui n'est pas riche, ne m'en a pas plus donné; mais c'est elle qui m'a brodé ce beau bonnet que je ne mets qu'aux grandes fêtes ; et quand j'ai été malade, m'a-t-elle monté des fois de la tisane ! Oh ! c'est elle qui est bonne ! Et moi, qui étais si peu polie avec elle dans le commencement ; car en voyant ses chapeaux fanés et ses bottines raccommodées, je me disais : En voilà une pensionnaire qui m'apportera bien des profits !... Mais il ne faut pas juger toujours sur la mine, ni sur la mise : voilà encore ce que j'ai appris ici.

SCÈNE VI.

La Même, UNE NOURRICE *tenant un bébé dans ses bras,* BABET ET JAVOTTE, *ses enfants.*

LA NOURRICE.

Mademoiselle, où est madame ? j'voulons l'y parler.

GENEVIÈVE.

Et qu'est-ce que vous avez de si pressant à lui dire, est-ce que votre nourrisson est malade ?

LA NOURRICE.

Pardine, non, voyez sa figure : c'est ni pu ni moins qu'une cerise.

GENEVIÈVE.

Eh ! bien, pourquoi que vous voulez parler à madame ? n'avez-vous pas vu Mlle Olympe ?

LA NOURRICE.

Et si fait, j' l'ons vue, c'est elle qui m'a dit d' montrer le p'tit à madame.

GENEVIÈVE.

Oh ! bien, oui ! un jour de distribution des prix de ses élèves, madame est bien trop affairée pour s'occuper du petit enfant.

LA NOURRICE.

Et c'est justement parce que c'est aujourd'hui la distribution, que Mlle Olympe m'a dit qu'il fallait tâcher de voir Madame.

GENEVIÈVE.

Cette invention! mais qu'est-ce que vous avez à lui dire?

LA NOURRICE.

Dame! mademoiselle m'a dit, mais tout bas, à cause des autres, de *l'y conter*, comme par hasard, tout ce qu'elle a fait pour ce pauvre petit.

GENEVIÈVE.

Cette malice!

BABET.

Mère, vous rappelez-vous combien de chemises et de p'tits béguins qu'elle a donnés? Ah! j' pourrons vous aider à le dire, moi; j'en savons l' compte : six chemises, six béguins, deux bonnets.

LA NOURRICE.

Même que ce n'est pas assez de deux bonnets. T'nez en voilà un qui a b'en des fanferluches, c'est pour l'y mettre aujourd'hui; mais pour d'main j' n'en ous pas d'autre de r'change; j'aimerions mieux queuqu' p'tits bonnets d'indienne. Mais elle a mieux aimé m' faire celui-ci tout enrubanné.

JAVOTTE.

Oui, pour la distribution des prix!

GENEVIÈVE.

Quoi! pour la distribution des prix! mademoiselle Olympe veut que ce poupon y assiste?

JAVOTTE.

Sans doute. Même que, comme çà, nous la verrons avec not' mère, c'te belle distribution.

GENEVIÈVE.

Ah! par exemple! (*A part.*) Eh! bien, en voilà du beau monde vraiment!

BABET.

Mais puisque mademoiselle a dit de demander cela à madame, qu'est-ce que cela vous fait à vous?

GENEVIÈVE.

Ah! rien, rien, demandez si vous voulez.
Et quoi encore qu'elle vous a donné, mademoiselle Olympe?

BABET.

T'nez encore trois petites robes; voyez comme celle que nous allons l'y mettre aujourd'hui est jolie!

GENEVIÈVE.

Oui, oui, je sais qui les a faites. Et pourquoi n'avez-vous que deux bonnets?

LA NOURRICE.

Parce que mademoiselle n'a pas eu le temps d'en faire d'autres. Dame! il paraît qu'elle est bien occupée cette jeunesse.

GENEVIÈVE.

Oh! elle n'en perd pas une partie de plaisir, allez!...

JAVOTTE.

C'est bien possible, da! on aime s'amuser, pas vrai? mais une grande blonde, sa cousine, a dit à ma mère que chez elle, elle lui en ferait d'autres, et que nous allions les chercher chez sa maman; car elle doit s'en aller ce soir.

GENEVIÈVE.

Cette bonne mademoiselle Marie! ah! que nous la regretterons! (*A la nourrice.*) Et mademoiselle Olympe vous donne-t-elle bien du savon, bien du sucre pour votre nourrisson?

LA NOURRICE.

Non, elle ne veut pas entendre parler de cela. Dame! elle n'a peut-être que de quoi payer les mois de nourrice.

GENEVIÈVE.

Laissez donc, laissez donc, elle a de l'argent à remuer à la pelle.

LA NOURRICE.

Eh! bien, quand le petit a eu la coqueluche, elle n'a pas voulu me donner de sucre.

JAVOTTE.

C'est vrai; mais il ne faut pas dire cela à madame; vous savez ben que mademoiselle l'a défendu.

BABET.

D'ailleurs vous avez eu du sucre, puisque la grande blonde vous a donné celui que sa maman lui avait envoyé pour son rhume, et même du sirop qui était bon comme tout.

GENEVIÈVE.

Ah! je reconnais bien là mademoiselle Marie.

LA NOURRICE.

Dites-donc, mademoiselle Geneviève, est-ce que vous ne m'indiquerez pas ben où l'on peut trouver madame? (*L'enfant crie.*)

GENEVIÈVE.

Vous n'avez qu'à venir avec moi; mais tâchez de faire taire le petit; car bien sûr que sa musique vous fera perdre votre procès. (*L'enfant continue de crier, les deux petites paysannes s'efforcent de le faire taire en lui faisant des agaceries.*)

SCÈNE VII.

MARIE *habillée comme précédemment*, SOPHIE *en blanc et parfaitement coiffée*. (*Elles entrent d'un autre côté que celles qui sortent.*)

MARIE *(retouchant la coiffure de sa compagne).*

Attends que je t'arrange cette boucle, elle veut toujours tourner du mauvais côté. Bon, c'est bien ainsi, te voilà coiffée à merveille.

SOPHIE *(l'embrassant).*

Grâce à toi, ma chère : tu savais que ma bourse était vide et qu'à mon grand regret, je ne pouvais profiter du coiffeur qui s'occupe de ces demoiselles; aussitôt tu t'es mise à l'œuvre : ah! que tu es bonne!.....

Ainsi donc, si l'on met sur ma tête la couronne si désirée, tu crois que ma chevelure ne fera pas disparate, et que je serai bien coiffée.

MARIE.

Parfaitement. D'ailleurs la couronne de vertu est faite pour embellir toute jeune personne.

SOPHIE *(faisant un saut de joie).*

Ah! que mes parents seront heureux, s'ils me voient cette parure!.... Mais viens, je te prie, revoir avec moi une petite pièce de vers que j'ai faite pour la circonstance et que je veux joindre à celle de mes compositions de style qu'on doit lire à l'assemblée. Cela fera peut-être pencher la balance de mon côté.

MARIE.

Allons, viens, ma Sophie; mais ne te flatte pas trop : Olympe, je le pense, a plus de droit que toi à obtenir le prix envié, et toutes nos compagnes sont décidées à lui donner leur voix, comme je le ferai moi-même.

SOPHIE.

Méchante! Au surplus, ta cousine est ta cousine, c'est juste, je ne t'en veux pas. Mais je ne me décourage pas non plus ; car madame paraît fort satisfaite de mon travail de cette année. Je l'ai même entendue dire tout bas à l'un des juges : tenez, en voici une qui mérite d'être bien récompensée : l'espoir d'avoir le prix de vertu l'a totalement changée.

Oh! oui, je suis changée, et maintenant que j'ai pris le goût du travail, je veux toujours le conserver. (*Elle chante.*)

Air : *Vive Henri-Quatre.*

C'est l'ap-ti-tu-de qui nous fait ré-u-sir Cette ha-bi-tu-de donne aussi du plai-sir C'est l'ap-ti-tu-de qui nous fait ré-us-sir.

DEUXIÈME COUPLET.

Sans aptitude
On ne parvient à rien :
De toute étude
C'est l'âme et le soutien.
Sans aptitude
L'on ne parvient à rien.

(*Elles sortent.*)

TROISIÈME ACTE.

SCÈNE PREMIÈRE.

MARIE *(entrant seule d'un air rêveur).*

C'est singulier ! Il est deux heures, Louise ne rentre pas : Mon Dieu ! la pauvre enfant aurait-elle encore échoué ? elle a pourtant bien travaillé. S'il faut qu'elle n'ait pas réussi, voilà de quoi la dégoûter pour toujours de se présenter de nouveau aux examens. Et sa pauvre mère qui a fait jusqu'ici tant de sacrifices pour lui procurer un état honorable! Ah ! que je la plaindrais !

C'est peut-être son caractère caustique qui lui aura nui : si elle s'est permis quelque mauvaise plaisanterie avec les examinateurs, ils lui auront donné plus de fils à retordre.

SCÈNE II.

LA MÊME, LOUISE *(accourant).*

Victoire ! victoire ! Je suis reçue, et c'est à toi que je le dois ; car c'est justement sur toutes les parties où j'étais si faible, et que tu m'as tant fait repasser, qu'on m'a interrogée.

Ah ! que je te remercie, ma bonne amie !

MARIE.

Va, tu n'es pas plus heureuse que moi.

Sais-tu que j'étais sur les épines en ne te voyant pas revenir ?

LOUISE.

Et moi donc, je croyais être sur des charbons en attendant mon tour, et pourtant je tremblais comme si j'eusse eu le frisson. Je regardais tous ces messieurs avec terreur :

L'un avait un grand nez semblable à un éteignoir tout propre à m'ôter les lumières de l'intelligence ; l'autre des moustaches qui lui donnaient un air rébarbatif à faire trembler ; un troisième une voix de pédagogue capable de me rendre muette : aussi je me disais : toi, si tu ne me reçois pas, je te pince le bout du nez ; toi, je t'arrache les moustaches ; toi, je te remercie en contrefaisant *ta voix doctorale* (*ici elle appuie sur chaque syllabe pour imiter celui qu'elle veut peindre.*)

MARIE.

Ah ! Louise ! toujours de la moquerie !....

LOUISE.

Mais après l'interrogatoire, quand ils ont prononcé le fameux mot : *bien*. Ah ! comme ils m'ont semblé tous beaux, aimables ! Si je l'avais osé, je crois que je les aurais embrassés de grand cœur.

MARIE.

Cela te fait voir que souvent on juge les autres selon le microscope de son humeur, et que pour être toujours débonnaire, il faut ne s'imaginer que du bien de tout le monde.

LOUISE.

Oui, oui, il faudrait être parfaite comme toi, cela vaudrait mieux.

MARIE.

Mais puisque tu te destines à l'instruction de la jeunesse, songe donc qu'il faut surtout te défaire de ton humeur moqueuse : ce n'est pas tout que de transmettre son savoir à ses élèves ; il faut encore leur donner des exemples d'affabilité et de bonté.

LOUISE.

Tu as raison. Va, quand nous ne serons plus ensemble, je songerai toujours à toi ; et le souvenir de ton aimable caractère, parviendra à me corriger de mon défaut.

LE PRIX DE VERTU. 45

C'est encore un service que tu m'auras rendu, pour te venger des chagrins que je t'ai causés.

MARIE.

Allons, allons, ne parlons point de cela ; je ne songe plus, moi, qu'à l'amitié que tu me témoignes aujourd'hui. (*Elle chante.*)

Air : *Pourquoi me fuir, passagère Hirondelle.*

DEUXIÈME COUPLET.

Malheur! malheur! au cœur froid, égoïste,
Qui pour soi seul, sent amour ou pitié;
Vivre pour soi, c'est le sort le plus triste :
Mais, qu'on jouit par la douce amitié! (*bis*).

SCÈNE III.

Les Mêmes, SOPHIE *tenant un papier.*

Tiens, Marie, vois donc si cette rime ne serait pas plus riche que celle-ci ?

LOUISE *(d'un air moqueur).*

Quoi, des vers ! Ah! ma chère, ta *muse muse,* quand tu t'*amuses* ainsi.

SOPHIE.

C'est bon, mademoiselle, chacun muse ou s'amuse comme il lui plaît. D'ailleurs, j'ai assez travaillé pour qu'on ne dise pas que j'ai musé cette année !....

(*A Marie*). Tiens, vois donc? (*Elle ouvre son papier, Louise lit dedans.*)

LOUISE.

Ode à la Vertu (*riant*), rien que cela !
Ah! comme ce doit être beau!....

MARIE.

Voyons, lis tout : cela ne m'avait pas semblé trop mal ce matin.

SOPHIE *(lit).*

Vertu ! faveur du ciel ! Antidote du vice !

LOUISE.

Oh ! *Antidote du vice !* ce n'est pas trop poétique.

SOPHIE.

Aimerais-tu mieux *contre-poison* du vice.

LOUISE.

Encore pis : cela sentirait l'apothicaire.

SOPHIE.

Eh bien ! je laisserai *antidote*. Je ne trouve pas d'autre mot.

MARIE.

Il me semble qu'il peut aller.

LOUISE.

Voyons, continue ?

SOPHIE.

Vertu ! faveur du ciel, antidote du vice !
Tu retiens l'être faible au bord du précipice.

MARIE.

Ceci me semble très-bien.

SOPHIE *(lisant avec plus de fermeté)*.
N'es-tu pas des humains le plus parfait trésor.
Tu es de notre cœur le sage et sûr Mentor.

MARIE.

Je crois que tu as fait là un hiatus : *Tu es....*

SOPHIE.

Ah ! c'est vrai : deux voyelles qui se rencontrent. Je ne puis pourtant pas mettre : *vous êtes :* ce serait trop long.

LOUISE.

Et puis, ce serait joliment poétique ! Quoiqu'on respecte la vertu, on ne lui dit jamais : *Madame la vertu, vous êtes*, etc.

MARIE.

Continue : peut-être pourrons-nous changer ce mot.

SOPHIE.

Depuis que le péché est venu dans notre âme,

MARIE.

Encore un hiatus! *le péché est....*

SOPHIE.

Ah! c'est vrai. Si je mettais les *péchés sont....*

LOUISE.

Mauvais! mauvais! ce mot est trivial au pluriel.

SOPHIE.

Mais écoute le reste?

Tu sais la purifier par ta céleste flamme.

MARIE (*comptant sur ses doigts*).

Tu sais la purifier. Cet hémistiche est trop long.

SOPHIE.

O mon Dieu! que de fautes! Je n'aurai jamais le temps de corriger tout cela avant la distribution des prix.

LOUISE.

Quoi! tu veux que cette pièce y paraisse?

SOPHIE.

Pourquoi pas, si elle devient bien : n'est-ce pas une pièce de circonstance? Et puis.....

LOUISE (*riant*)

Et puis tu espères peut-être que cela te fera adjuger le prix? Ah! ah! ah! la drôle d'idée!.... Mais calme-toi, va, ce n'est pas pour toi que le four chauffe. Comme si l'on avait un prix de vertu pour des vers et qui sont mal faits encore!..... Ah! ah!

SOPHIE (*pleurant*)

En vérité, tu es désespérante!.....

MARIE.

Tais-toi donc, Louise, tu vas retomber dans tes moqueries. Tu vois bien que tu lui fais de la peine.

LOUISE.

C'est vrai, c'est vrai, ma bonne Marie. Ah! je te promets que ce sera la dernière fois que cela m'arrivera.

Allons, calme-toi, Sophie ; mais je te le conseille, ne présente point cette pièce.

MARIE.

Quoique les idées m'en semblent fort bonnes, il pourrait se faire que n'étant pas tout-à-fait correcte, elle te donnerait un air de présomption qui pourrait te nuire, et ferait peut-être moins apprécier tes autres compositions de style.

LOUISE.

Oh ! cela est vrai : on se moque tant des demoiselles qui veulent faire les poëtes : on n'aurait qu'à t'appeler bas-bleu, ou dire que tu es piquée des vers.

SOPHIE.

Allons, décidément je suis vos avis, oui, je vais déchirer cette pièce.

MARIE.

Non, ne la déchire pas ; amuse-toi à la corriger ; mais pour ton plaisir seulement.

SOPHIE *(mettant son papier dans sa poche)*.

A la bonne heure. O ma pauvre vertu ! tu vas donc rester cachée.

MARIE.

Oui, crois-nous : la vertu qui se cache n'en est que plus belle.

LOUISE *(serrant la main de Marie)*.

Telle est la tienne, mon amie.

SCÈNE IV.

Les Mêmes, QUELQUES ÉLÈVES *en robe blanche.*

ZÉLIE.

Eh! Mesdemoiselles, vous n'allez pas vous habiller ?

JOSÉPHINE.

La distribution va bientôt commencer : déjà beaucoup de personnes sont arrivées.

JULIE.

Plusieurs de nos compagnes sont placées.

MARIE.

Va, nous n'avons pas besoin de faire une plus grande toilette, nous ne serons pas actrices, mais témoins de la fête : tu sais bien qu'à cause de nos examens, nous n'avons pas concouru avec vous.

LOUISE.

Bon pour moi de rester ainsi, j'ai obtenu ce que je voulais, et je ne prétends à rien ; mais toi?

MARIE.

Je suis absolument dans le même cas que toi, tu le sais.

LUCIE.

Si tu voyais, Marie, comme ta cousine est belle! comme sa couronne de rosière lui ira bien !

MARIE.

Tant mieux : mon oncle et ma tante seront enchantés de la voir ainsi.

LOUISE.

La couronne de Rosière ! mais c'est celle qu'on donne avec le prix de vertu ! Qui vous dit que ce soit pour elle ?

MATHILDE.

Mais toutes nous le pensons, et nous nous sommes réunies pour lui donner notre voix.

LOUISE.

Moi, je ne compte pas lui donner la mienne.

JUSTINE.

Peut-être espères-tu pour toi-même cet honneur?

LOUISE.

Ah! bien oui, sois tranquille, va, je n'ai pas cette prétention.

CLOTILDE.

Et je crois que vous faites bien, mademoiselle Louise.

LAURE.

Oh! bien sûr : vous aimez trop à vous moquer des autres.

JULIETTE *(mettant ses deux index sur sa tête)*.

Si bien, que vous avez fait comme ça, un jour que j'avais les oreilles d'âne.

BLANCHE.

Et à moi ratisse, ratisse, parce que j'étais privée de récréation.

MARIE *(bas à Louise)*.

Vois-tu comme les petites ont remarqué ta mauvaise habitude?

LOUISE *(riant)*.

C'est vrai, la vérité sort toujours de la bouche des enfants. (*Plus haut.*) Oui, mes chères petites, vous avez raison, j'ai jusqu'ici été trop taquine pour prétendre à une telle récompense ; mais vous ne me verrez plus ainsi, allez : (*prenant la main de Marie*). La bonne amie que voici a su me faire rougir de ce défaut.

LAURE.

Votre bonne amie! Mais vous vous êtes plus moquée d'elle que de toutes les autres!....

JULIETTE.

Oui, quand Mlle Marie avait un chapeau cabossé et une robe trop courte....

CLOTILDE.

Et puis, quand elle voulait toujours étudier plutôt que de se promener avec vous.

LOUISE.

Oh! vous avez raison, j'étais alors bien méchante!...

LUCIE.

Eh! bien, tu l'es encore en voulant priver Olympe de sa couronne.

LOUISE *(faisant signe de vouloir sortir)*.

Venez, venez, je vais vous expliquer mes raisons.

MARIE *(la retenant)*.

Cependant, Louise, tu dois bien comprendre que ma cousine a plus mérité la couronne que Sophie, puisque l'une a fait du bien à un orphelin, tandis que l'autre n'a travaillé que pour elle-même.

LOUISE *(d'un air de mystère en sortant)*.

Venez, venez.....

SCÈNE V.

MARIE *(seule)*.

Que veut-elle faire? Je trouve pourtant bien plus juste de donner le prix à Olympe qu'à Sophie. Si la première ne l'obtient pas, cela serait capable de la décourager pour toujours d'être bienfaisante, et pourtant comment pourrait-elle mieux employer la fortune qu'elle doit avoir un jour?..... (*Elle chante.*)

LE PRIX DE VERTU.

Air : *Partant pour la Syrie.*

Andante.

Sou- la- ger la mi- sè- re Est un plai- sir si doux Qu'on ne sau- rait trop fai- re Pour l'ex-ci- ter en nous. Les biens de l'o- pu- len- ce char- me- raient- ils le cœur S'ils n'a- vaient la puis- san- ce d'a- dou- cir le mal- heur s'ils n'a- vaient la puis- san- ce d'a- dou- cir le mal- heur.

SCÈNE VI.

La Même, GENEVIÈVE, LA NOURRICE, OLYMPE, BABET, JAVOTTE.

GENEVIÈVE *(à la nourrice)*.

Venez par ici, ma chère, si cet enfant crie toujours, il est impossible que vous restiez dans la salle de réception. N'avez-vous pas vu que Madame m'a fait signe de vous faire sortir.

OLYMPE. *(La nourrice fait crier le bébé.)*

Est-il insupportable cet enfant !

BABET.

Il va nous priver de voir la belle cérémonie.

JAVOTTE *(voulant le chatouiller.)*

Bibi, fais donc une risette. *(Faisant aller ses doigts de ses pieds jusqu'à son menton.)* Petite souris, petite souris, gribouilli !..... *(L'enfant crie encore plus fort.)*

LA NOURRICE.

Finis donc, Javotte, tu l'agaces : le pauvre petit a peut-être des coliques.

OLYMPE.

Si vous lui donniez le fouet, nourrice ?

LA NOURRICE.

Ah ! par exemple ! puisqu'il avont du mal..... j'serions b'en fâchée d'l'y en faire encore à ce pauvre innocent !.....

MARIE *(lui présentant un bâton de sucre d'orge qu'elle avait dans sa poche.)*

Tiens, petit..... Ah ! il paraît vouloir le sucer. Cela va peut-être le calmer. *(L'enfant se calme en effet.)*

BABET.

Cette bonne mademoiselle, elle a toujours quelque chose de bon pour lui.

MARIE.

C'est le restant de la provision que maman m'avait apportée pour mon rhume.

JAVOTTE *(à part, mais de manière à être entendue)*

Le sucre et l' sirop que vous lui avez donnés n'vous ont pas fait grand'chose à vous ; mais ils lui ont joliment fait du bien à lui pour sa coqueluche. (*L'enfant recommence à crier, la nourrice le retourne, lui frappe sur le dos, l'agite sur ses genoux comme font les nourrices.*)

OLYMPE.

Ah ! que c'est insupportable.

L'INSTITUTRICE *(arrivant).*

Qu'a-t-il donc le pauvre enfant ? Si vous lui donniez à téter, nourrice ? Cela l'apaiserait.

LA NOURRICE.

Eh ! Madame, il n'a fait qu' ça d'puis qu' nous sommes ici. C'est p'tètre d' la bouillie qu'il veut.

OLYMPE.

Madame, voulez-vous permettre que je mène cette femme à la cuisine, pour qu'on lui en fasse ?

L'INSTITUTRICE.

Oui, mon enfant. (*Les regardant toutes s'en aller.*) Ah ! la pauvre Olympe serait bien fâchée d'être privée de cette pièce de conviction pour la cérémonie.

SCÈNE VII.

L'INSTITUTRICE. MARIE, Mme BRÉMONT *entrant.*

Mme BRÉMONT.

Croiriez-vous, Madame, que votre concierge m'a empêchée d'entrer dans la salle de réception, parce que j'ai oublié ma lettre d'invitation?

L'INSTITUTRICE.

Pardon, Madame; le bonhomme a suivi ponctuellement mes ordres; et pourtant il aurait dû vous reconnaître pour la mère d'une de mes élèves.

Mme BRÉMONT.

Que voulez-vous, il a suivi sa consigne, nous n'avons pas lieu de lui en vouloir. Mais, ma fille, pourquoi n'es-tu pas habillée? Je viens de voir toutes tes compagnes en habit d'ordonnance, et toi.....

MARIE.

Maman, comme je ne compte sur aucun prix, j'ai pensé devoir me placer près de toi au nombre des assistants.

L'INSTITUTRICE.

Ne croyez pas, chère dame, que Marie ait démérité pour cela; il n'y a pas d'élève dont je puisse plus louer la conduite; mais ayant été obligée de s'occuper exclusivement de ses examens, elle n'a pu.....

Mme BRÉMONT.

Je sais cela, Madame, et je ne puis que vous remercier d'avoir concouru à les lui faire subir avec avantage.

Mais va t'habiller, mon enfant, je souffrirais trop de ne pas te voir comme les autres avec ta parure virginale; d'ailleurs je compte t'emmener passer la soirée chez une de mes amies, où l'on fera de la musique.

MARIE.

Tu le veux, Maman, je vais passer ma robe blanche. (*Elle sort.*)

L'INSTITUTRICE.

Et vous serez émerveillée du jeu de votre chère enfant, elle a fait des progrès étonnants.

Mme BRÉMONT *(à part).*

Hélas ! Pourquoi ne puis-je lui donner un bon piano !

SCÈNE VIII.

Les Mêmes, LOUISE, *suivie de la plupart des élèves.*

LOUISE *(à l'institutrice).*

Madame, nous venons vous prier de nous entend. au sujet du prix de vertu que vous devez décerner a d'hui, vous ne serez peut-être pas fâchée que nous courions à éclairer votre jugement.

L'INSTITUTRICE.

Parlez, mes jeunes amies, je ne peux pas tout voir, tout savoir par moi-même, parlez, qu'avez-vous à me dire ?

LOUISE.

Madame, trois jeunes personnes ont, je crois, des droits à la couronne ; c'est à vous à apprécier celle qui le mérite le plus.

L'INSTITUTRICE.

Trois ! Mais il me semblait qu'il n'y en avait que deux qui faisaient tout pour l'obtenir.

LOUISE.

Deux seules, en effet, ont travaillé pour cela et y comptent peut-être.

L'une a su vaincre sa paresse et a surpassé toutes les autres par son savoir.

TOUTES.

C'est Sophie. Le prix d'honneur doit lui appartenir.

L'INSTITUTRICE.

C'est juste, et je le lui ai destiné.

TOUTES.

Bravo ! Le prix d'honneur à Sophie.

SOPHIE.

Ah ! merci, merci, c'est toujours un beau prix.

LOUISE.

Une autre qui a sans cesse la bourse bien garnie, a sacrifié quelques pièces d'or au soulagement d'un infortuné ; c'est bien, je n'en disconviens pas ; mais la charité n'était peut-être pas son seul motif ?

LUCIE.

Assurément, c'était pour avoir le prix de vertu.

CLÉMENCE.

Madame, ne pourriez-vous pas donner un prix de bienfaisance ; il serait pour Olympe.

L'INSTITUTRICE.

Mais qui aurait donc le prix de vertu ?

LOUISE *(avec émotion)*.

Madame, vous savez combien autrefois j'étais taquine et moqueuse.....

L'INSTITUTRICE *(à part)*.

Espère-t-elle avoir le prix de vertu pour s'être à peu près corrigée de ce défaut ?

LOUISE.

Eh ! bien, lorsqu'une autre jeune personne, la plus douce, la meilleure de toutes, vint ici ; la voyant affligée de s'être séparée de sa mère, la voyant surtout si studieuse qu'elle ne voulait jamais quitter ses livres pour venir se distraire avec nous, j'eus la sottise de croire qu'elle voulait se distinguer et je la pris en grippe. Dès lors, soit pour la taquiner, soit pour faire rire les autres, il n'y a pas de mauvais tours que je ne lui aie faits : Tantôt son air sérieux, son chapeau hors de mode, sa robe un peu courte, étaient les objets de mes plaisanteries.

Mme BRÉMONT (à part).

Serait-ce ma fille, ma bonne Marie, qui aurait été l'objet de toutes ces moqueries ?

LOUISE (continuant).

Et la douce jeune fille, au lieu de me faire gronder, se taisait et dévorait ses larmes.

Geneviève a souvent été impertinente à son égard ; eh bien ! quand cette fille a été malade, il n'est pas de prévenance dont l'excellente enfant n'ait usé envers elle. Mais savez-vous comme elle s'est vengée de mes moqueries ? Lorsqu'elle m'a vue désespérée après mon examen manqué, elle s'est rapprochée de moi, elle m'a consolée ; et fraîche émoulue qu'elle était, elle m'a fait travailler en sous-œuvre, si bien que je suis revenue triomphante, comme vous le savez aujourd'hui, de mon examen de l'Hôtel de ville.

Cette conduite n'est-elle pas méritoire ? N'est-elle pas sublime ?

L'INSTITUTRICE.

Oui, oui, l'oubli des offenses est la plus belle des vertus évangéliques. Le prix de vertu doit être pour cette jeune personne.

MARIE (arrivant habillée de blanc).

Me voici, Maman.

LOUISE.

Et cette généreuse amie, la voilà.

Mme BRÉMONT (la pressant dans ses bras).

Ma fille, ma chère fille !

TOUTES

Le prix de vertu est pour elle.

MARIE *(étonnée)*.

Que veut dire cela? Qu'ai-je fait pour l'obtenir?

LOUISE.

Ce que tu as fait? Je le sais, moi.

L'INSTITUTRICE.

Et nous le savons aussi, ma bonne amie; la vertu qui s'ignore n'en a que plus de mérite.

TOUTES *(encore plus haut)*.

Le prix de vertu est pour Marie.

OLYMPE *(arrivant avec dépit)*.

Eh bien! à quoi a-t-il servi que je protégeasse un orphelin?

L'INSTITUTRICE.

A exercer la bienfaisance, mon enfant : c'est ainsi qu'on peut plaire à Dieu.

OLYMPE *(avec un plus grand dépit.)*

Eh bien! paiera maintenant les mois de nourrice qui voudra?

L'INSTITUTRICE.

Olympe, vous n'abandonnerez pas le petit être que vous avez protégé et que vous pouvez encore secourir, j'en suis sûre : j'ai meilleure opinion de votre cœur que vous-même.

OLYMPE *(à part)*.

En effet, le pauvre petit deviendrait de nouveau orphelin!.....

JUSTINE *(à Olympe)*.

Ma bonne amie, ne te désespère pas, le prix de bienfaisance t'est destiné.

OLYMPE *(lui répondant)*.

A la bonne heure. (*A l'institutrice.*) Pardon, pardon.

Madame, le dépit m'égarait : ah! devais-je m'en venger sur un pauvre orphelin ?.....

L'INSTITUTRICE.

Allons, mes enfants, venez recevoir vos prix, et qu'ils servent à vous en faire mériter encore ; surtout celui que Dieu doit réserver dans le ciel à la bienfaisance et à la vertu.

UNE DES ÉLÈVES *chante. (Toutes répètent ce refrain).*

Air : *Mire dans mes yeux tes yeux*

A-près le tra - vail, les ris,
Et puis les va - can - ces
Al - lons re - ce - voir nos prix,
nos prix si ché - ris. Oh ! de
tel - les ré - com pen - ses Pour
nous pour nous sont sans prix.

NOUVEAU THÉATRE.

DEUXIÈME COUPLET.

(Celle qui chantera ce couplet désignera Olympe ou celle-ci le chantera elle-même.)

Exerçons la bienfaisance
Pour avoir droit au bonheur ;
Oui, mais que sa récompense } tou-
Soit surtout au fond du cœur. } tes.
Refrain : Après le travail, les ris, etc.

TROISIÈME COUPLET.

(Louise ou une autre désignant Marie).

Savoir pardonner l'offense,
Servir qui nous a déplu,
C'est bonté par excellence } bis pour
Générosité, vertu. } toutes.
Refrain. Après le travail, les ris, etc.

QUATRIÈME COUPLET.

Puis chacune en nos familles
Soyons d'aimables enfants,
De reconnaissantes filles
Pour nos chers, nos bons parents,
Oui, toutes de bonnes filles } bis
Pour nos excellents parents } toutes.

REFRAIN GÉNÉRAL.

Après le travail, les ris,
Et puis les vacances,
Allons recevoir nos prix
Nos prix si chéris :
Ah ! de telles récompenses
Pour nous, pour nous sont sans prix.

LA
BELLE-MÈRE & LA BELLE-FILLE

LA BELLE-MÈRE & LA BELLE-FILLE

DRAME EN 3 ACTES

Avec Couplets et Musique

PAR

MME MANCEAU

Maîtresse de Pension à Paris

PARIS

VICTOR SARLIT ET Cie, LIBRAIRES-ÉDITEURS

Rue de Tournon, 19

LA BELLE-MÈRE ET SA BELLE-FILLE.

Pièce en trois actes.

(Mêlée de quelques couplets).

PERSONNAGES.

Mme DORVAL, assez jeune dame.

FÉLICIE, sa belle-fille, âgée de 20 ans.

DELPHINE, fille de Mme DORVAL, âgée de 15 ans.

Mme DOLBRUN, sa tante, vieille dame, vêtements antiques et qui annoncent une personne peu aisée.

LÉONIE,
ZÉLIE,
ZOÉ, } élèves.
JOSÉPHINE,
THÉONIE,

LAURE,
JULIETTE, } autres plus jeunes.

UNE BONNE.

LA
BELLE-MÈRE ET SA BELLE-FILLE

ACTE PREMIER.

Le Théâtre représente une classe.

SCÈNE PREMIÈRE.

FÉLICIE, DELPHINE, *plusieurs élèves placées sur des bancs.*
FÉLICIE, *l'institutrice, sur une estrade, les interroge.*
DELPHINE, *sa sœur, est sur une chaise moins haute près d'elle.*

FÉLICIE.

Voyons, mes bonnes amies, récapitulons toutes les règles du participe passé, vous savez qu'il présente plusieurs difficultés.

LÉONIE.

Le participe passé conjugué avec le verbe avoir ne s'accorde jamais avec son sujet. Il a cueilli, ils ont cueilli *l-i li.* Cette demoiselle a joué, ces demoiselles ont joué, é accent aigu, *é.*

FÉLICIE.

C'est bien. Et quand il est accompagné du verbe être?

ZÉLIE.

Il s'accorde toujours avec son sujet : l'enfant docile est aimé, les enfants dociles sont aimés, *é-s.*

ADÈLE.

La maison a été bâtie, les maisons ont été bâties, *e-s*.

FÉLICIE.

Cette règle est-elle invariable ?

TOUTES.

Oui, mademoiselle.

FÉLICIE.

Ma sœur, dis-tu comme ces demoiselles ?

DELPHINE *(qui est placée sur une chaise moins haute que sa sœur, se lève et dit)*:

Il faut en excepter les verbes pronominaux, le participe de ceux-ci s'accorde avec le complément.

Il s'est repenti, elle s'est repen*tie*, elle a repenti *elle*.

ZOÉ.

Ah ! oui. Je me suis par*ée*, j'ai paré moi ; nous nous sommes par*ées*, nous avons paré nous. Ces participes s'accordent toujours avec le second pronom, qui est leur complément direct.

FÉLICIE.

Toujours ? toujours ?

TOUTES.

Oui, Mademoiselle, toujours.

FÉLICIE.

Le crois-tu, Delphine ?

DELPHINE.

Non ; car si le second pronom n'était qu'un régime indirect, le participe resterait invariable, à moins qu'il n'eût un complément direct placé auparavant. Exemples : Julie s'est acheté un chapeau, *t* et *é té*; elle s'est mis une fleur dans les cheveux, *m-i-s mis* et non *mise*. Mais on dirait : les gants qu'elle s'est achetés, *t-é-s tés*, la fleur qu'elle s'est mise.

ZOÉ.

Ah! oui, elle n'a pas acheté elle, elle n'a pas mis elle, ce sont les gants qu'elle s'est achetés ; c'est la fleur qu'elle s'est mise.

FÉLICIE.

C'est cela. Mais n'y a-t-il pas encore un cas où le participe, quoique précédé de l'auxiliaire être, doit rester invariable?

TOUTES.

Je n'en vois pas.

DELPHINE.

J'en vois un, moi. C'est quand le verbe, quoique pronominal, est présenté sous la forme d'un verbe unipersonnel. Il s'est glissé une faute dans cet ouvrage ; il s'est fait une grande révolution dans ce pays.

Car tout verbe unipersonnel a le participe invariable.

FÉLICIE *(l'embrassant)*.

C'est cela, chère Delphine : Va, te voilà tout aussi capable d'enseigner que moi.

DELPHINE.

Tu m'as tant fait travailler, bonne sœur ! Ah! tout ce que je sais, ne te le dois-je pas ?

JOSÉPHINE.

Quoi ! c'est à Mademoiselle que vous devez de jouer si bien du piano, de dessiner, de savoir si bien la géographie, l'histoire, etc.?

DELPHINE.

Oui, à ma sœur, tout à ma sœur.

THÉONIE.

Mais comment cela s'est-il fait?

FÉLICIE.

Le voici, mes enfants : A la mort de ma mère, je fus mise dans cette maison, et sous les auspices de Mme Duhamel votre digne institutrice, j'appris tout ce que je vous enseigne aujourd'hui.

Mon éducation finie, je retournai dans ma famille que je trouvai augmentée d'une belle-mère et de cette chère petite sœur.

LUCIE.

Quoi ! vous eûtes le malheur d'avoir une marâtre ?

FÉLICIE.

Une marâtre ? Mais celle que vous appelez ainsi, c'est Mme Dorval, que vous connaissez si bonne et qui le fut toujours pour moi.

Une fois dans ma famille, où différents revers étaient survenus, vous comprenez que je trouvai bien juste de transmettre à ma sœur le savoir et les talents que les sacrifices de mes parents m'avaient fait acquérir.

DELPHINE.

Oui, je comprends que c'était juste ; mais ta douceur, ta patience avec moi qui étais si joueuse, si légère, était-ce justice ou bonté cela ?

FÉLICIE.

C'était affection, mon amie, sentiment bien naturel qui doit exister entre les frères ou les sœurs.

Depuis que nous avons perdu notre père et que d'autres revers nous sont arrivés, Mme Duhamel, fatiguée d'une profession qu'elle a si longtemps exercée, m'appela ici pour la suppléer : voici comment j'ai élevé ma Delphine et comment je me trouve aussi votre institutrice aujourd'hui. Mais, mes bonnes amies, en causant avec vous, de choses qui me sont tout-à-fait personnelles, je néglige le devoir qui m'est imposé, celui de vous faire travailler.

LAURE *(une plus jeune élève).*

Comment, Mademoiselle, votre devoir ! Est-ce que les maîtresses en ont ?

FÉLICIE.

Tout le monde en a, ma fille, et malheureux qui ne sait les accomplir!.... Allons, attachez ici une carte de géographie et tâchez de me répondre aussi bien qu'à la grammaire. (*Ici, l'on peut faire un exercice de géographie ou d'histoire où la maîtresse interroge et où Delphine montre avec une baguette chaque pays ou chaque mer, etc., qu'on nomme. Lorsqu'une élève se trompe, cette jeune fille, sous les yeux de sa sœur, doit donner des explications.*)

FÉLICIE.

En voici assez : mes bonnes amies, vous avez été bien attentives, allez toutes vous amuser.

PLUSIEURS PETITES.

Ah! la récréation! la récréation!

(*L'une d'elles chante.* Air : Povera Signora).

Moi, je prends mon cerceau
    (*Une autre chante*).
Moi, je prends ma corde;
    (*Une autre*).
Moi, mon volant neuf,
(*Elle fait sauter tout en chantant*)
Comme il ira!...
    Ah! Ah! Ah!

FÉLICIE (*continuant le couplet*).

Allez, allez, en paix, que l'amour vous accorde;
Car rien n'est aussi doux, enfants, que la concorde.
    Ah! Ah! Ah! (*bis*).

DEUXIÈME COUPLET (*encore Félicie*).

Sentez-vous, sentez-vous, qu'après l'étude,
Le plaisir bien plus vif vous semblera.
Ah! Ah! Ah!... (*Les enfants répètent :* Ah! Ah! Ah!)

(*Une seule continuant le couplet*).

Ah! nous en garderons, j'en ai la certitude,
Loin de vous, près de vous, la louable habitude.
Ah! Ah! Ah! (*Toutes les élèves sortent en répétant :* Ah! Ah! Ah!)

SCÈNE II.

FÉLICIE, DELPHINE, Mme DORVAL (*tenant une tasse*).

Bois cela, ma Félicie, c'est du lait et du gruau.

FÉLICIE.

Mais je ne suis pas enrhumée, bonne mère.

Mme DORVAL.

Bois toujours, la séance a été longue : tu dois être bien fatiguée.

FÉLICIE.

Point du tout : (*frappant sur l'épaule de sa sœur*). N'ai-je pas ici mon aide-de-camp qui fait observer toutes mes consignes ? Ah! Delphine doit avoir la poitrine plus fatiguée que moi ; si vous saviez, maman, comme elle a parlé !

Mme DORVAL.

Comment parlé ! Est-ce qu'elle n'est pas encore raisonnable?

DELPHINE.

Oh maman ! peux-tu croire?.....

FÉLICIE.

Elle a parlé comme un professeur : vous eussiez été charmée de l'entendre.

Mme DORVAL.

Vraiment ?

FÉLICIE.

Elle en sait autant que moi maintenant, soyez-en sûre.

Mme DORVAL.

Chère enfant ! O ma bonne Félicie ! que je te remercie, c'est à toi qu'elle doit cela.

DELPHINE.

J'aurais été bien ingrate, si je n'avais pas répondu aux soins de ma chère institutrice!

FÉLICIE.

Et moi donc à tous les sacrifices que vous vous êtes imposés pour moi, bonne mère !.....

Mme DORVAL.

Je n'ai fait que mon devoir, ma chère; en épousant ton père, je devais te considérer comme ma fille.

FÉLICIE.

Et vous l'avez bien fait. (*Elle l'embrasse.*)

DELPHINE (*d'un air gai*).

Mais ton gruau va se refroidir, maman : est-il bien sucré?

Mme DORVAL.

Est-elle friande! Je crois qu'elle en voudrait goûter?

FÉLICIE.

Aussi en aura-t-elle sa bonne part, elle l'a bien méritée. Bois, ma Delphine.

DELPHINE (*après avoir bu*).

Ah! qu'il est bon! à toi, ma sœur.

FÉLICIE.

Non, à maman qui pense toujours à nous et qui a bien plus besoin de se soigner.

Mme DORVAL (*avant de boire*).

Tu le veux? il faut te satisfaire. (*Elle boit.*)

FÉLICIE.

Oui, maman, tout en commun entre nous. (*Elle boit à son tour.*) Ah! nous buvons à la même tasse; cela ne prouve-t-il pas notre douce union?

Mme DORVAL.

Tu ne sais pas, Félicie, Mme Duhamel m'a fait entrevoir aujourd'hui qu'elle ne serait pas éloignée de vendre bientôt son établissement.

FÉLICIE.

Ah! si nous avions les fonds nécessaires!.....

Mme DORVAL.

Ecoute, tu crois que Delphine pourrait faire une classe?

FÉLICIE.

Assurément. Et dès aujourd'hui, je vais demander pour elle à ma bonne institutrice, la place qui se trouve vacante pour la division des plus jeunes élèves. Oh! elle me l'accordera sans peine.

Mme DORVAL.

Ainsi sur nos appointements, nous n'aurons plus à payer de pension pour elle.

Toi, tu fais la première classe, tous les jeudis tu dessines des portraits, cela te rapporte assez bien; moi, je m'occupe de la lingerie; en confondant nos émoluments, y joignant les faibles débris que nous avons sauvés du naufrage, et demandant du temps, nous pourrons assurément acquérir ce pensionnat.

DELPHINE.

Ah! que nous serons heureuses d'y vivre ainsi toutes les trois ensemble!

FÉLICIE.

Quand il sera à nous, bonne mère, vous ne vous occuperez plus du soin manuel qu'il m'est si pénible de vous voir prendre; nous aurons quelqu'un pour vous remplacer; et dans le salon qu'occupe maintenant madame Duhamel, vous recevrez les parents et les visiteurs. Qu'il me sera doux de vous voir reprendre la place de maîtresse de maison qui vous convient et que les fausses spéculations de mon pauvre père vous ont fait perdre.

Mme DORVAL.

Nous verrons, nous verrons; il nous faudra dans le commencement user d'une grande économie.

DELPHINE.

C'est encore à toi, chère sœur, que nous devrons le bonheur de n'avoir plus de soucis pour notre avenir ; car si Mme Duhamel nous cède son pensionnat, c'est qu'elle sait qu'il ne périclitera pas entre tes mains.

Mme DORVAL.

Assurément. Allons, mes enfants, plus d'inquiétude, courage ! et retournons à nos occupations.

Confions-nous en la Providence : elle protége toujours les mères et les filles s'appuyant les unes sur les autres. (*Elle chante.*)

Air : *De Dorilas.*

Allegretto.

Tra - vail, U - ni - on et cons- tan - ce, sau-ront nous fai - re ré - us- sir, Et beau - coup mieux que l'o - pu - len- ce, Nous fe - ront cons-tamment jou- ir Nous fe - ront cons-tamment jou-

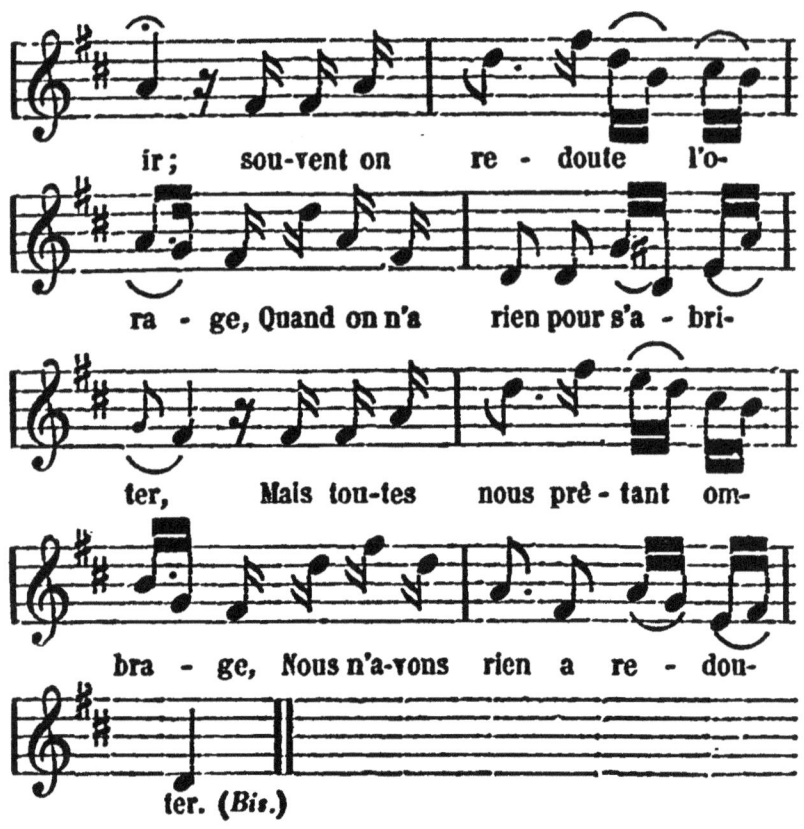

ir; sou-vent on re - doute l'o-
ra - ge, Quand on n'a rien pour s'a - bri-
ter, Mais tou-tes nous prê - tant om-
bra - ge, Nous n'a-vons rien a re - dou-
ter. (Bis.)

Nota. — La toile se baisse, et les trois dames s'en vont les bras entrelacés.

DEUXIÈME ACTE.

SCÈNE PREMIÈRE.

FÉLICIE *dessine,* **Mme DORVAL** *qui entre.*

Eh bien ! ma chère enfant, au lieu de te reposer quand toutes les élèves sont en promenade, tu t'occupes encore ?

FÉLICIE.

Comme de coutume, bonne mère, j'emploie mon après-dînée du jeudi : un travail de choix est le plus agréable délassement : N'ayant plus besoin des traits de mon modèle, je termine d'ombrer le corsage de sa robe.

Voyons, reconnaissez-vous cette tête?

Mme DORVAL.

Sans doute, c'est la figure de Zélie, la ressemblance est frappante.

FÉLICIE.

Tant mieux, tant mieux : sa mère qui est déjà enchantée de son propre portrait, m'a promis de m'envoyer d'autres clientes; les compagnes de Zélie voudront aussi que je les dessine; elles obtiendront cela de leurs parents; oh! quelle nouvelle source pour nous de prospérité!.....

Mme DORVAL.

Bonne Félicie, ah! sans moi, sans ta sœur, tu n'emploierais pas ainsi tous tes instants, tu ne te réjouirais pas tant des résultats avantageux de ton travail!

A propos, j'ai parlé à Mme Duhamel de notre projet; elle a paru un peu désappointée, quand je lui ai dit que nous ne pourrions lui payer comptant le prix de ce pensionnat.

FÉLICIE.

Et pourquoi, maman, est-ce qu'elle ne se fie pas bien à nous pour l'acquitter?

Mme DORVAL.

Oh! si; mais comme elle veut se réunir à ses enfants, elle dit qu'elle aurait besoin de ses fonds pour l'acquisition d'une maison de campagne qu'elle a en vue et où ils doivent aller vivre avec elle.

FÉLICIE.

C'est donc une affaire manquée?

Mme DORVAL.

J'espère que non pourtant, car elle t'aime beaucoup.

SCÈNE II.

Les Mêmes, DELPHINE, Mme DOLBRUN.

DELPHINE.

Ma sœur, voici une dame qui voudrait que tu lui fisses son portrait ? (*A part.*) *Je crois qu'elle ne pourra le payer un haut prix, la pauvre dame !*

FÉLICIE.

Qu'est-ce qui me procure, Madame, l'honneur de vous voir ?

Mme DOLBRUN.

Le désir d'avoir mon portrait, Mademoiselle.

FÉLICIE.

Je suis à vos ordres, Madame.

Mme DOLBRUN.

Ecoutez, je ne voudrais pas le payer bien cher, et je ne me présenterais pas, si je ne savais que les artistes travaillent souvent pour la gloire.

DELPHINE (*riant et parlant bas à sa sœur*).

Drôle de gloire de peindre une vieille dame et qui n'est pas bien belle encore !

FÉLICIE.

Chut, Delphine ! Madame, si je puis vous obliger par quelques coups de crayon, je serai charmée de le faire. Vous tenez donc beaucoup à avoir votre portrait ?

Mme DOLBRUN.

Sans doute, chacun aime sa petite personne. La mienne n'est pas bien jolie, il est vrai, elle a subi des ans..... *l'irréparable outrage ;* mais ma figure telle qu'elle est pourra plaire à une nièce que j'ai qui m'aimait bien autrefois (*en disant ces mots elle se tourne vers Mme Dorval*) : Hélas !

que ne puis-je lui laisser, non mon portrait, mais ma statue toute massive d'or : elle lui serait assurément plus profitable !

Mme DORVAL.

Cependant, Madame, il n'est pas probable qu'elle voulût la convertir en pièces d'or. Pour moi, j'avais une bonne tante dont le portrait me serait sacré.

Mme DOLBRUN.

Elle n'existe donc plus ?

Mme DORVAL.

Je ne sais ; elle est partie aux colonies avec son mari, et depuis longtemps je n'ai plus de ses nouvelles.

FÉLICIE.

Madame, veuillez vous placer devant moi de trois quarts, que j'esquisse votre portrait. Mais regardez-là, s'il vous plait, au lieu d'avoir toujours les yeux fixés sur ma belle-mère.

Mme DOLBRUN.

C'est que j'aime à la regarder, cette chère mignonne ; quoiqu'un peu changée, elle est toujours jolie.....

Mme DORVAL.

Quoi ! se pourrait-il ? Serait-ce ?.....

Mme DOLBRUN.

Amélie, tu ne me reconnais pas ?

Mme DORVAL *(se jetant dans ses bras)*.

Ma tante, ma bonne tante ! Quoi ! mon cœur n'a pas su éclairer mes yeux !.....

Mme DOLBRUN.

C'est qu'il y a vingt ans que nous ne nous sommes vues. Le temps et les infortunes nous ont changées l'une et l'autre. Mais nous voilà réunies et pour ne plus, j'espère, nous séparer.

Mme DORVAL (à part).

Hélas! que ne suis-je chez moi!

Mme DOLBRUN.

J'ai eu bien de la peine à te retrouver, chère nièce. Je vais à Vannes dans la jolie petite maison que je t'avais donnée pour présent de noce. Elle est vendue : plus personne.

Mme DORVAL.

Hélas! ma tante, mon mari voulant préparer des dots à nos enfants a vendu nos possessions pour s'intéresser à des spéculations de frets de navires qu'on faisait à Bordeaux : malheureusement les marchandises n'étaient pas assurées..... et.....

Mme DOLBRUN.

Tu parles de tes enfants, je croyais que tu n'avais qu'une fille.

Mme DORVAL (montrant Félicie).

Celle-là est celle de mon mari; mais c'est aussi la mienne.

Mme DOLBRUN (regardant Delphine).

Alors celle-ci est bien ta fille, ma chère petite nièce : (l'embrassant). Ah! je crois te revoir à 15 ans.

Mme DORVAL.

Ma tante, embrassez donc aussi ma Félicie.

Mme DOLBRUN (à Félicie qui s'est rapprochée d'elle).

Volontiers. Croyez, Mademoiselle, que j'aimerais que vous fussiez ma parente; car on se glorifie des talents des siens.

FÉLICIE.

Soyez persuadée, Madame, que j'aurai pour vous tous les sentiments d'une tendre et véritable nièce.

Mme DOLBRUN.

Enfin, ma chère Amélie, à Bordeaux où je m'étais rendue, j'apprends tes malheurs et je reviens en Bretagne te chercher à Nantes, où l'on me dit que tu t'es placée dans une pension. Je vais dans plusieurs institutions où je demande Mme Dorval, inconnue ; mais on me dit que dans celle-ci il y a une demoiselle de ce nom qui fait des portraits. Voyez-vous, Mademoiselle, c'est votre réputation qui m'a fait retrouver ma nièce. Mais pour représenter ma caricature, nenni, nenni, ce n'était qu'un prétexte. J'aime mieux lui rendre toute ma vieille personne si elle veut bien s'en charger ; car je suis veuve aussi, moi, et n'ai plus qu'elle de bien chère au monde.

Mme DORVAL.

Pauvre tante ! Ah ! vous m'êtes plus chère aussi que jamais. Mais venez vous débarrasser de votre manteau et vous reposer dans ma chambre.

Mme DOLBRUN.

Je ne dirai point non, ma bonne amie, car c'est seulement d'hier que je suis arrivée de Bordeaux.

Air : *Une Fille est un Oiseau.*

Pour te re-voir, mon en-fant, J'en-tre-pris plus d'un voy-a-ge. Je mar-chais a-vec cou-ra-ge, Ain-si que le Juif Er-

80 NOUVEAU THÉATRE.

rant, Bal - lot - tée a - vant sur l'on - de, sur ter - re cou - rant le mon - de, Je te cher - chais à la ron - de : Mon cœur pre - nait les de - vants, Mais au ter - me du voy - a - ge, La fa - tigue est mon par - ta - ge Et je sens le poids des ans, Et je sens le poids des ans.

(*Elle s'en va appuyée sur le bras de Mme Dorval et marquant la mesure avec sa canne.*)

SCÈNE III.

LES DEUX SŒURS seules

FÉLICIE.

Pauvre chère dame ! paraît-elle aimer sa nièce !

DELPHINE.

Maman est enchantée de la retrouver ; mais, au milieu de sa joie, j'ai vu percer son inquiétude : Hélas! nous ne sommes pas encore chez nous!.....

FÉLICIE *(à part en soupirant)*.

Et nous n'y serons jamais peut-être. (*A Delphine.*) Allons, petite sœur, ne t'afflige pas : nous pourrons sans doute supporter la nouvelle charge qui nous arrive. Mme Dolbrun a été une mère pour la nôtre, nous devons nous montrer pour elle des enfants reconnaissants. Va, va, je trouverai des moyens.....

DELPHINE.

Mais elle n'est pas ta parente à toi.....

FÉLICIE.

Elle est la tienne, celle surtout de notre bonne mère, cela suffit.

DELPHINE.

Mais que peux-tu faire de plus que ce que tu fais déjà, bonne sœur?

FÉLICIE.

Tu verras, tu verras? Allons, ne vous inquiétez pas, petite fille, vous êtes trop jeune pour vous mêler ainsi des soucis du ménage.

DELPHINE.

Ah! oui, trop jeune! comme si je n'étais pas d'âge à ressentir tout ce qui préoccupe ma mère et toi.

FÉLICIE.

Sois tranquille, chère amie, j'ai des moyens de subvenir à tout. Tiens, ne perdons pas notre temps, c'est la fortune du pauvre. Va étudier ton piano ; moi, je reprends mes crayons, et sois sûre que Dieu bénira nos efforts.

DELPHINE.

Allons, j'y vais, car je veux toujours t'obéir.

SCÈNE IV.

FÉLICIE (*dessinant*).

O mes chers crayons ! Venez à mon aide pour me faire exécuter tous les doux projets de mon cœur ! Bonne mère, chère petite sœur, que ne puis-je vous éviter le moindre souci !....

SCÈNE V.

LA MÊME, Mme DORVAL (*entrant toute rêveuse*).

Elle repose dans mon lit : ah ! que je serais heureuse de pouvoir lui offrir toujours un toit protecteur : elle a été si bonne pour moi ! (*se tournant vers Félicie*). Tu travailles encore, ma fille ? Ah ! ne crois pas que je veuille t'imposer une nouvelle charge : malgré l'affection que je porte à ma tante, je lui ferai bien entendre que...

FÉLICIE.

La croyez-vous tout-à-fait sans ressource, bonne mère ?

Mme DORVAL.

Hélas ! d'après les révolutions arrivées dans les colonies et son costume si pauvre, je suppose qu'elle vient mêler ses infortunes aux miennes ; aussi son retour, qui naguère eût fait ma joie, augmente encore le poids de mes peines.

FÉLICIE (*cessant de dessiner et venant près d'elle*).

Maman, ne vous inquiétez pas ; j'ai trouvé le moyen de tout arranger. Si Mme Duhamel ne consent pas à nous céder son établissement, et si mes crayons ne suffisent pas pour subvenir au besoin de nos cœurs ; je vous laisse ici avec Delphine ; grâce aux talents que vous m'avez fait acquérir, j'obtiens une place d'institutrice dans quelque bonne maison, fût-ce même à l'étranger.... et....

Mme DORVAL

Nous séparer, ma fille !....

FÉLICIE.

En attendant, je vends les bijoux qui me viennent de ma mère ; vous payez ici la pension de votre tante, sans lui rendre compte de nos ressources ; et plus tard, je vous envoie tous les fonds nécessaires pour la soutenir convenablement auprès de vous.

Mme DORVAL.

Bonne, excellente enfant ! Ah ! voudrais-je que tu te sacrifiasses ainsi pour nous ?...

FÉLICIE.

Ne suis-je plus votre fille, maman ? ne voulez-vous pas que je m'associe à toutes vos affections ?... (*Elle chante.*)

Air : *Depuis longtemps j'aimais Adèle.*

Pour moi vous fûtes u - ne mè - re, U - ne mère au plus tendre cœur ; U - nie à vous comme le lier - re votre ap - pui me fut pro - tec - teur. Plus forte à mon tour a - vec

Mme DORVAL.

O belles mères, belles mères ! qui pour les enfants de vos maris ne vous montrez que des marâtres, puissiez-vous être témoins de mon bonheur aujourd'hui !....

(*Elles sortent toutes deux enlacées dans les bras l'une de l'autre.*)

ACTE TROISIÈME.

SCÈNE PREMIÈRE.

FÉLICIE (*seule d'abord, tient plusieurs livres qu'elle place sur les bancs à chaque place. Après qu'on a entendu le son d'une cloche elle dit :*)

Apprêtons tout pour que les élèves, en rentrant en classe, ne perdent pas une minute. Ah ! tant que je serai ici, je veux accélérer leurs progrès : il est si doux de remplir son devoir et d'en être récompensée par l'affection de bons parents et même des élèves qui, bien que contrariées quelquefois, rendent justice au zèle de leurs maîtresses. Si la tâche d'institutrice est parfois pénible, elle a de grandes douceurs aussi : l'attachement que me témoignent déjà plusieurs des plus dociles m'en est une preuve.

Hélas ! ne pourrai-je continuer de les former à mon gré ? Faudra-t-il donc m'en séparer ?...

Mais l'heure de la classe est sonnée, elles ne rentrent pas ; ne se sont-elles donc pas assez amusées hier à la promenade ? (*regardant par une fenêtre*). Les jeunes folles ne cessent point de jouer : jamais, jamais elles n'en trouvent assez. Elles sont plus promptes d'ordinaire néanmoins à répondre à l'appel de la cloche (*regardant toujours dans le préau*).

Mais voici Delphine qui va les joindre : la jeune sous-maîtresse veut sans doute les ramener à leur devoir.

Charmante sœur ! va, tu seras toujours la plus chère de mes élèves !... Eh ! mais, eh ! mais, que fait-elle ? elle prend la main des plus joueuses d'entre elles, et voilà une ronde monstre qui s'organise. Delphine va-t-elle devenir aussi folâtre qu'autrefois ? nos malheurs l'avaient pourtant bien changée !... Ah ! je vais...

SCÈNE II.

La Même, Mme DORVAL *(arrivant au moment où elle va sortir)*.

Ma fille, ma fille, bonne nouvelle ! bonne nouvelle !

FÉLICIE.

Quoi donc, maman ?

Mme DORVAL.

Ma tante, n'est pas ruinée comme je l'avais cru : elle est même riche, et est en train de s'entendre avec Mme Duhamel pour l'acquisition de son fonds, qu'elle peut, dit-elle, lui payer comptant.

FÉLICIE.

Quel bonheur, maman ! Ah ! nous n'aurons pas besoin de nous séparer !

Mme DORVAL.

Non, jamais... à moins que toi ou ma fille ne veniez à vous marier.

FÉLICIE

Oh ! moi, pourrais-je y songer à moins que vous ne soyez à l'abri de tout souci ainsi que Delphine ?...

Mme DORVAL.

Je te reconnais bien là.

SCÈNE III.

Les Mêmes, UNE DOMESTIQUE à *Mme Dorval.*

Madame, la vieille dame qui est arrivée hier, madame votre tante vous appelle.

Mme DORVAL

Bon, je vais la retrouver. (*Elle sort*).

LA DOMESTIQUE.

Ah ! elle sera bien étonnée de la nouvelle qu'elle va apprendre. Je l'ai déjà dit à Mlle Delphine ; est-elle contente ! Et tenez, tenez ; elle est si joyeuse que la voilà qui danse avec toutes ces demoiselles !...

FÉLICIE.

Mais comment saviez-vous avant Delphine une nouvelle qui l'intéresse ainsi que sa mère ?

LA BONNE.

Ce n'est pas qu'on me l'ait dite à moi ; mais tout en époussetant les meubles de la chambre de madame j'ai entendu ce qui se disait dans son cabinet. C'n'est pas qu'j'écoutins aux portes au moins, j'sais fort bien qu'c'est mal ; mais comme madame Duhamel est un peu sourde, que l'autre vieille dame parlait haut, j'ai tout entendu ; j'sais donc maintenant qui va être notre maîtresse. Ah ! la drôle de farce !..

FÉLICIE.

C'est maman, sans doute ? qu'y a-t-il de singulier à cela ?

LA BONNE.

Ah ! bien oui ; passe pour elle, ça serait dans l'ordre ; passe encore pour vous, mamzelle, qui êtes si savante et si raisonnable ! Mais mamzelle Delphine, une enfant bien aimable, il est vrai ; mais enfin une enfant !...

FÉLICIE.

Est-il possible !...

LA BONNE.

Dame, c'est bien vrai, puisque la vieille dame a dit : Je désire acheter votre institution pour ma petite nièce. N'est-ce pas mamzelle Delphine qui est sa petite nièce ?..

FÉLICIE.

Assurément.

LA BONNE.

Eh ! bien, madame Duhamel a dit son prix, la vieille dame, qui hier ne m'avait pas paru trop calée, y a pourtant adhéré bien vite, et la chose est faite. (*Elle sort.*)

SCÈNE IV.

FÉLICIE (seule).

Cette chère Delphine ! je n'aurai donc plus d'inquiétude pour elle, mais la joie lui tourne la tête. Quoi ! elle reste dans le jardin, au lieu de venir m'annoncer cette nouvelle.

(*Regardant de nouveau à la croisée.*)

La voilà encore qui danse avec les élèves. Non, elle

chante à présent, on dirait qu'elle fait répéter un refrain aux plus grandes.

Décidément il faut que je l'appelle, c'est compromettre sa dignité d'institutrice que d'agir ainsi.

(*Elle parle par la croisée*)

Delphine! Delphine! Viens donc et ramène ces demoiselles!.... Il est bien temps de commencer la classe. Elle est en vérité trop enfant, et je suis fâchée qu'elle ait rendu compte de cette affaire aux jeunes personnes. On leur aurait fait croire que maman est désormais leur maîtresse, ou moi-même qui ai mes diplômes; pendant ce temps je l'eusse fait travailler de plus belle pour avoir les siens, et tout en eût été beaucoup mieux.

SCÈNE V.

La Même, DELPHINE, LES ÉLÈVES.

DELPHINE (*en entrant, elle doit être rouge et les cheveux en désordre*).

Que nous veux-tu, ma sœur?

FÉLICIE.

Mais que vous veniez travailler. Est-ce donc fête aujourd'hui?

DELPHINE.

Oh! oui, c'est fête! Tu ne sais donc pas la grande nouvelle?

FÉLICIE.

Oui, je la sais; mais je supposais, Delphine, que tu serais venue me l'apprendre toi-même.

DELPHINE.

Moi, je pensais bien que maman te l'apprendrait : je me suis entretenue tout-à-l'heure un instant avec elle, et elle approuve tous mes projets.

FÉLICIE.

Et quels sont-ils tes projets? Hier encore nous nous serions concertées toutes trois pour notre commun bonheur, et le bien de nos chères élèves.

DELPHINE.

Oh ! ils sont simples mes projets, je veux faire ici une révolution complète, révolution qui plaira à toutes ces demoiselles, j'en suis sûre. Elles travaillaient environ dix heures par jour, et avaient à peu près deux heures de récréation : Ce sera maintenant tout le contraire : deux heures d'étude et dix heures de récréation ou de promenade.

(*Toutes les jeunes filles riant.*) Bravo ! bravo ! c'est cela ! c'est cela !

FÉLICIE.

Ah ! ça, Delphine, es-tu folle ?

DELPHINE.

Non, en vérité, je ne le suis pas.

La jeunesse est le temps de la croissance ; ne faut-il pas qu'elle développe ses forces ? Et qu'est-ce qui pourrait mieux les accroître qu'un tel régime ?

TOUTES LES ÉLÈVES.

Nous sommes pour ce régime.

DELPHINE.

Puis, pour être plus agiles, plus légères à la danse ou à la course, il nous faut des robes moins lourdes : Allons mettre nos robes blanches, mesdemoiselles.

TOUTES.

Oui, nos robes blanches, nos robes blanches !

FÉLICIE.

Allons, Delphine, cesse de plaisanter, je te prie.

DELPHINE.

Mais ce n'est point une plaisanterie, ma sœur. La robe blanche est l'emblème de l'innocence, de la candeur : cet uniforme convient à de jeunes demoiselles. D'ailleurs, si dans les deux heures d'étude nous attrapons quelques taches d'encre, le sel d'oseille n'est-il pas là ?...

TOUTES.

Des robes blanches. Nous adoptons cet uniforme.

L'UNE D'ELLES.

Mais que mettrons-nous le dimanche ?

DELPHINE (paraissant réfléchir).

Des robes de taffetas lilas, non, rose-tendre.

UNE D'ELLES.

Ah ! que ce sera joli !

TOUTES.

Charmant ! charmant !

FÉLICIE.

As-tu fini de dire des folies, Delphine ?

DELPHINE.

Mais ce n'est pas une folie, ma sœur. Juge de l'effet que produira la pension quand elle ira ainsi à l'église ou à la promenade. On ne séduit que par les yeux. Comme les abeilles attirées par les fleurs, toutes les jeunes fille de la ville voudront se réunir à nous à cause de notre joli costume. Ah ! quelle ruche nombreuse nous formerons !...

FÉLICIE.

Belle ruche où l'on travaillerait seulement deux heures par jour !

UNE ÉLÈVE.

Mesdemoiselles, pour commencer, allons mettre nos robes blanches.

DELPHINE.

Oui, oui, partons.

FÉLICIE (voulant l'arrêter).

Mais réfléchis-donc....

DELPHINE.

Oh ! mes reflexions sont toutes faites. (*Elle sort en courant avec les autres.*)

SCÈNE VI.

FÉLICIE.

Si sa mère ne calme pas cette exaltation, la pauvre enfant va perdre tout le bien que voulait lui faire sa tante.

Pour moi, si je n'ai plus d'influence sur elle, si je la vois tout changer ici, si elle devient aussi folle, aussi entière qu'elle l'était dans son enfance, oh ! cela est certain, je ne resterai pas davantage ici.

Avoir pris tant de soin pour former sa raison, son caractère, et la voir devenir folle, extravagante !... Ah ! cela n'est pas supportable !

Mais, quand même, sa mère parviendrait à la calmer, que serais-je maintenant auprès d'elle? Une maîtresse en sous-ordre ; non, cela ne peut avoir lieu, non plus.

Je suis son aînée, je lui ai communiqué tout ce que je sais, puis-je être sous sa dépendance ?

O Delphine ! Delphine ! Aurais-je jamais cru que ce serait toi qui m'obligerais à quitter ta bonne mère ?

SCÈNE VII.

La Même, Mme DORVAL, Mme DOLBRUN.

Mme DORVAL.

Quoi ! Félicie, tu es seule ici ! Que devient donc Delphine ?

FÉLICIE.

Chère maman ; ne m'en parlez pas, elle me cause bien du chagrin aujourd'hui.

Mme DORVAL.

Quoi ! aurait-elle manqué à sa sœur aînée, à son excellente institutrice?...

FÉLICIE.

Non, maman ; son cœur l'en rend incapable ; mais elle est d'une folie qui n'a pas d'exemple.

Mme DOLBRUN.

Eh ! laissez-lui sa gaîté à cette chère enfant : n'est-ce pas le plus bel apanage de son âge ?

FÉLICIE.

Mais les règles les mieux établies ici pour l'avantage des élèves, elle veut les changer ; aucune de mes représentations, elle ne l'écoute. O maman ! si cela dure, il m'est impossible d'être témoin d'une telle démence ; malgré ma tendresse pour vous et pour elle, je serai obligée de vous quitter.

Mme DORVAL.

Nous quitter ! Tu n'y penses pas, ma Félicie ?

FÉLICIE.

Hélas ! chère maman, je n'y songe que trop sérieusement ! (*Elle porte son mouchoir à ses yeux*).

Mme DOLBRUN (*à Mme Dorval*)

Ah ! ça, ma nièce, n'allons-nous pas faire la présentation de la nouvelle institutrice ? Je croyais trouver toutes les élèves assemblées ici, ainsi que ma petite-nièce.

SCÈNE VIII.

Les Mêmes, LA BONNE.

LA BONNE (*à Mme Dorval*).

Madame, Mademoiselle, ne pourriez-vous faire cesser le tapage qui se fait ici ? Toutes ces demoiselles sont au vestiaire qui mettent leurs robes blanches ; ce ne devait être pourtant que pour l'Assomption ; elles jettent les autres dans tous les coins ; elles rient, elles chantent comme des folles : Ah ! c'est un désordre qui n'a pas de nom !

Mᵐᵉ DORVAL.

Delphine n'est-elle donc pas avec elles?

LA BONNE.

Pardonnez-moi, madame; mais c'est elle qui mène toute la bande.

FÉLICIE.

Voyez-vous, maman!...

Mᵐᵉ DOLBRUN.

Ma nièce, fais-les donc descendre?

Mᵐᵉ DORVAL.

Geneviève, allez les chercher je vous prie.

LA BONNE.

Ah! il faudra bien cette fois qu'elles me laissent ranger le vestiaire. Que d' butin, que d' butin par terre!

FÉLICIE.

Qui pourrait comprendre une telle révolution dans le caractère de ma sœur! Elle était bien rieuse dans son enfance, il est vrai; mais, comme nos malheurs l'avaient changée! comme elle était devenue studieuse, raisonnable!....

Mᵐᵉ DORVAL.

Surtout grâce à ton exemple, chère Félicie.

FÉLICIE.

C'était tout mon bonheur de la voir ainsi.

Mᵐᵉ DOLBRUN.

Eh! laissez la rire encore, je vous prie, ne faut il pas que jeunesse s'amuse? (*Elle chante.*)

Air: *Une Fille est un Oiseau.*

temps Nous en vi - vrons plus long - temps.

SCÈNE IX.

DELPHINE ET TOUTES LES ÉLÈVES *en blanc*.

DELPHINE.

Tu nous demandes, maman ?

Mme DOLBRUN (*à toutes*).

C'est moi, jeunes filles ; car j'ai une grande communication à vous faire. Vous savez que Madame Duhamel est vieille, peut-être pas autant que moi ; mais dans son état on gagne promptement son droit aux invalides. Elle se retire donc du pensionnat, et je viens de m'arranger avec elle pour que ma petite-nièce lui succède.

FÉLICIE (*à part*).

Ah! Geneviève ne s'était pas trompée!

Mme DOLBRUN.

Tenez, lisez ce papier, c'est l'acte de vente, voyez qui est votre maîtresse aujourd'hui.

UNE DES GRANDES (*le prend et lit*).

Mademoiselle Félicie Dorval.

FÉLICIE.

Mais il y a erreur de nom de baptême, Madame : votre petite-nièce s'appelle Delphine.

Mme DOLBRUN.

Eh! n'en ai-je qu'une, mon enfant? Celle qui s'est montrée constamment la tendre fille de ma nièce, qui a élevé sa sœur comme l'eût fait une véritable mère, qui voulait me soutenir moi-même, moi qui ne lui suis rien : oh! celle-ci est aussi ma nièce, ma chère petite-nièce.

TOUTES LES ÉLÈVES.

Bravo! bravo!

FÉLICIE.

Ah! bonne tante! est-il possible?.....

DELPHINE.

Oui, oui, c'est bien possible, et voilà pourquoi tu m'as vue folle de joie aujourd'hui.

FÉLICIE.

Chère sœur! chère maman! que je suis heureuse!

Mme DOLBRUN.

Eh! bien, mon enfant, avez-vous encore envie de quitter cette maison?

Pour nous, nous nous y trouvons si bien, que si vous le permettez, nous serons toutes trois vos pensionnaires maintenant.

Cela me rendra peut-être moins vieille d'être dans une pension de jeunes demoiselles.

FÉLICIE.

Ah! vous mettez le comble à vos bienfaits!

Mme DORVAL (chante).

Air : *Trahit l'incognito.*

Jamais, jamais peut-on trop faire
Pour qui le mérite si bien?
Va, le bonheur sur cette terre
Est souvent l'heureux fruit du bien.
Je te traitai comme ma fille; [Bis.]
Tu m'en payas par ton amour;
Tu retrouves une famille :
C'est un juste retour. (Bis.)

DELPHINE.

Tu fus ma digne institutrice,
Je te dois tout : savoir, talents ;
Bien plus, ton exemple propice
Sut régler tous mes sentiments.(Bis.)

Va, je fais trève à ma folie
Pour revenir à mon amour :
Des bienfaits de ma sœur chérie
C'est le juste retour. (Bis.)

UNE DES ÉLÈVES (à *Félicie.*)

Comme vous, quand une maîtresse
Soigne si bien son cher troupeau,
Qu'avec douceur, avec sagesse
Elle exerce un poste si beau; (Bis.)
On doit payer par l'aptitude
Ses soins zélés de chaque jour;
Et la plus tendre gratitude
En est le doux retour. (Bis.)

LA
SAINTE-CATHERINE

OU

LE BON EMPLOI DE L'ARGENT

COMÉDIE EN 1 ACTE

Avec Couplets et Musique

PAR

Mme MANCEAU

Maîtresse de Pension à Paris

PARIS

VICTOR SARLIT ET Cie, LIBRAIRES-ÉDITEURS

Rue de Tournon, 19

LA SAINTE-CATHERINE.

PERSONNAGES.

JULIE, 13 à 14 ans.
CAROLINE, sa sœur, 11 à 12 ans.
JULIETTE, leur cousine, 6 à 7 ans.
LOUISE, autre grande élève.
ZOÉ,   idem.
LÉONIE,   idem.
GERMAINE, villageoise, nouvelle venue, 11 à 12 ans.
LOUISE, 10 à 11 ans.
ESTHER, 9 à 10 ans.
CLOTILDE, id.
LAURE, 7 à 8 ans.
MIMI,
BLANCHE, } 6 à 7 ans.
JAVOTTE,
NANETTE, } auvergnates, 10 à 11 ans.
BABET, domestique de la maison.

LA
SAINTE-CATHERINE

ou

LE BON EMPLOI DE L'ARGENT

ACTE PREMIER.

SCÈNE PREMIÈRE.

PLUSIEURS ÉLÈVES *revenant de l'Eglise.*

JULIE *(la dernière parlant dans la coulisse).*

Oui, Madame, nous allons tout-à-l'heure porter nos chapeaux et nos manteaux au vestiaire.

SOPHIE.

Moi, je suis gelée et je garde les miens.

JULIE.

Pour les abimer en jouant.

SOPHIE.

Ah! bah! après ceux-ci, maman m'en achètera d'autres.

JULIE.

Mais cela lui coûtera de l'argent.

ESTHER.

Est-elle économe cette Julie!....

CAROLINE *(bas à celle-ci).*

Dis donc avare : ma sœur ne dépenserait pas un sou pour un sucre d'orge.

JULIETTE *(qui l'a entendue)*.

C'est si vrai qu'elle m'a grondée l'autre jour pour avoir acheté une balle, un cerceau et un mirliton à la promenade.

JULIE.

Mais n'était-ce pas trop pour un jour, petite cousine?

JULIETTE.

Ce n'est jamais trop pour moi, là.

MIMI.

D'ailleurs c'était son argent, mademoiselle.

JULIE.

Eh! ne faut-il pas le ménager, mon enfant?

JULIETTE.

Ah! toujours ménager! c'est ennuyeux!

MIMI.

Sans doute, c'est ennuyeux.

JULIE.

Voyons, Mimi, conviens que tu défends ma petite cousine, parce que tu t'es servie de ses jouets?

JULIETTE *(à Mimi)*.

C'est vrai, c'est vrai; et la preuve, c'est que tu m'as perdu ma balle, cassé mon cerceau et percé mon mirliton : Ah! tu me les paieras, ma chère.

MIMI.

Oh! bien, oui, il ne fallait pas les acheter.

LOUISE.

Allons, voilà qu'elles vont se quereller pour ces bagatelles. Calmez-vous, mes petites : c'est grande fête aujourd'hui, il faut être bien gaies. *(A part.)* Oh! moi, pourquoi ne le suis-je pas?....

GERMAINE *(jeune provinciale)*.

C'est grande fête : pourquoi donc?
Dans mon village, on célèbre la fête de l'Assomption :

l'autel de la sainte Vierge est alors paré de bouquets blancs, toutes les jeunes filles mettent leurs robes blanches, et c'est beau, beau comme tout. Mais est-ce que sainte Catherine était la sœur ou la cousine de Marie, que vous dites que sa fête est une grande fête aussi?

ZOÉ.

Eh! non, la cousine de la sainte Vierge était sainte Elisabeth, ne le sais-tu pas? Mais sainte Catherine fut de même une jeune fille bien pieuse, bien bonne, bien savante, et voilà pourquoi on nous la présente pour modèle et l'on nous la donne pour patronne.

GERMAINE.

Ah! je comprends, c'est sans doute pour cela que M. le Curé nous a fait un si beau sermon sur toutes les vertus que nous devons acquérir.

CAROLINE.

Néanmoins, il ne nous a pas prêché l'économie, cette vertu que ma sœur nous prêche tant.

Voyons, occupons-nous de savoir comment nous dépenserons notre argent aujourd'hui. (*A part, en fouillant dans sa poche.*) Notre argent!.... Eh! mais, je crois que je n'ai plus que deux sous!.... Ah! c'est égal, ma sœur m'en prêtera.

Nous aurons des gâ-teaux, des tar-te-let-tes, Des bis-cuits, des plai-sirs riant. Et du ba-ba, Ah! Ah!

(*Elle chante*). Nous aurons des gâteaux, des tartelettes,
(*Une autre*). Des biscuits, des plaisirs et du baba.
                   Ah! Ah! Ah!
(*Toutes*).   Ah! Ah! Ah! (*Bis.*)
(*Une autre*). Des mendiants et des gimblettes,
(*Une autre*). Du nougat, des bonbons et des croquettes.
(*Toutes*).   Ah! Ah! Ah! (*Bis*).
              C'est bon ça.

(*Une autre*). Il nous faudrait aussi de la musique,
(*Une autre*). Du cidre, des marrons : que j'aime ça!
(*Toutes*).   Ah! Ah! Ah! (*Bis*).
(*Sophie*).   Non vraiment, non vraiment : ça donne la colique ;
   Plutôt du vin muscat, jamais cela ne pique.
      Ah! Ah! Ah! (*Bis.*)
(*Plusieurs*).   C'est bon ça.
(*Une autre*). Ici, faisons venir un bel optique
   L'âne ou les chiens savants, et cetera.
(*Toutes*).   Ah! Ah! Ah! (*Bis.*)
(*Germaine*). Oh! non, non, là dessous il est quelque rubrique :
   Il vaudrait bien mieux voir la lanterne magique.
(*Toutes les petites*). Ah! Ah! Ah! (*Bis*).
      C'est beau ça.

ZOÉ.

Oui, c'est joliment beau de voir madame la lune et monsieur le soleil !

LOUISE.

Tiens, cela vaut bien de voir un âne et des chiens...

CAROLINE.

Si nous demandions plutôt que M. Comte ou M. Robert-Oudin vint nous faire des tours ?...

ESTHER.

Oui, c'est cela : Oh! comme ce sera amusant !

JULIE.

Mais, mes bonnes amies, avant de songer à toutes ces choses, il faudrait connaître les fonds que nous avons.

GERMAINE.

Eh! bien, boursillons, boursillons, deux sous pour des gâteaux ou du pain d'épice, deux sous pour des marrons, deux sous pour la lanterne magique, ou les chiens savants, deux sous pour un orgue de Savoie, deux sous pour les rafraîchissements ; moi je mets dix sous.

CAROLINE.

Est-elle drôle ! pour musique un orgue de Savoie !...

SOPHIE.

Ah! tu es bien de ton village, va! Dix sous pour une Ste-Catherine, c'est fameux !

GERMAINE.

Mais il y a chez nous des femmes et des enfants qui travaillent toute la journée pour cette somme; et même que les enfants épierrent pour huit sous.

SOPHIE.

Oh! à Paris on dépense plus que cela, ma chère.

GERMAINE.

Quoi ! à Paris, les enfants pour s'amuser, déboursent plus d'argent que chez nous ils n'en ont pour vivre ! Ah! ce n'est pas bien, ça !...

ZOÉ.

Ah ! ça, Germaine, est-ce que tu es venue de ta Bretagne pour nous faire de la morale?

GERMAINE.

Dame ! c'est juste tout de même.

CAROLINE.

Ecoute, si notre fête ne te plaît pas, tu n'as qu'à ne pas en être, voilà tout....

GERMAINE.

Je ne dis pas cela, je vous dis pour vous dire...

PLUSIEURS (riant).

Elle nous dit pour nous dire... Ah! Ah!

JULIE.

Eh ! bien, n'allez-vous pas vous moquer de cette pauvre enfant parce qu'elle vous dit une chose naturelle et qui prouve son bon cœur ?

LES MÊMES.

Parce qu'elle nous dit pour nous dire... Ah! Ah !...

SCÈNE II.

Les Mêmes, BABET.

Mesdemoiselles, madame m'envoie chercher les chapeaux et les pardessus des plus petites, et vous dire à vous, Mlle Julie, toujours si raisonnable, de surveiller les plus jeunes, afin qu'il n'arrive pas d'accident. Quand elles iront au jardin, j'aurai l'œil sur elles, moi, parce que madame est occupée, que Mlle Elisa est indisposée et que la surveillante est obligée de s'absenter pendant une heure. Vous jouerez toutes bien tranquillement, n'est-ce pas? A vous autres grandes, madame m'a dit de vous avertir de ne pas oublier ce qu'elle vous a recommandé.

LES PLUS GRANDES.

Allons serrer nos chapeaux et nos manteaux.

JULIE.

Oui, c'est le moyen de les ménager.
(*Les grandes sortent.*)

SOPHIE.

Pour moi, je reste comme je suis, j'ai froid. On ne peut pas me gronder pour cela.

LA BONNE.

Mais, mademoiselle, il y a du feu ici.

SOPHIE.

C'est égal, je veux rester ainsi; je me sens mal à mon aise, moi.

LA BONNE (*à part.*)

Ah! qu'elle est douillette celle-là! elle s'écoute comme une poule mouillée! (*Elle ôte les chapeaux et les manteaux des plus jeunes.*)

Donnez, donnez, mes petits bijoux, à la bonne heure! ce sont de vrais agneaux celles-ci, elles font tout ce qu'on veut.

SOPHIE.

Sans doute, elles se laissent tondre. Pour moi l'on ne m'ôte pas ainsi ma laine. (*Elle s'enveloppe dans son manteau.*)

LA BONNE.

Etes-vous frileuse ! quand il y a tant de pauvres enfants dans la rue qui n'ont ni chapeau, ni bonnes robes, ni souliers !...

SOPHIE.

Eh ! bien, ne faut-il pas que je leur donne les miens ?

LA BONNE.

Oh ! vous ne leur donneriez pas un cheveu de votre tête, on sait ça... (*Elle sort.*)

SOPHIE.

Est-elle malhonnête, cette fille !...

SCÈNE III.
La Même, LES PETITES.

LAURE.

Si nous dansions une ronde pour nous amuser ?

MIMI.

C'est ça. Laquelle ?

JULIETTE (*commençant.*)

A mon beau château, ma tante tire lire lire.

BLANCHE.

Tiens, Mlle Sophie est notre tante.

LAURE.

Oui, notre grand'tante, voyez comme elle est entortillée.

SOPHIE.

C'est bon, ça me convient.
(*Elles continuent de danser.*)

A mon beau château, ma tante tire lire lire, etc

SCÈNE IV.

LES AUTRES *rentrent et la ronde cesse.*

JULIE *(un papier et un crayon à la main.)*

Allons, procédons à notre grande fête, organisons le menu. Mais d'abord combien mettons-nous.

JOSÉPHINE.

Oui, combien mettons-nous? Il est juste de régler notre dépense sur ce que nous avons.

ZOÉ.

Mettons chacune trois francs. Trois francs? Cela vous convient-il?...

LES UNES.

C'est trop.

D'AUTRES.

Ce n'est pas assez.

CAROLINE.

Moi, je mets cinq francs (*plus bas à Julie*). Tu me les prêteras, ma sœur : toi, tu as toujours de l'argent en réserve.

JULIE.

Allons ! pas d'extravagance, Caroline : cinq francs c'est trop.

SOPHIE.

Mais pour avoir des violons, des nougats, du vin muscat !...

CLOTILDE.

Ne peut-on s'amuser sans tout cela ?

JULIE.

Trois francs, c'est même trop ; nous faut-il donc épuiser en un jour, l'argent que nos parents nous donnent tous les mois pour nos menues dépenses ?

CAROLINE.

Ah ! tu veux toujours économiser, toi, et ta bourse est mieux garnie que celle de nous toutes.

JULIE.

Parce que je ne dépense pas mon argent à tort et à travers.

JULIETTE.

C'est bien malin que tu sois plus riche que nous, ma cousine : Tu as reçu un napoléon de bonne maman, un de notre grand'tante au jour de l'an ; et moi de malheureuses petites pièces de 50 centimes.

JULIE.

Pourquoi es-tu si dépensière? On te traite en conséquence.

JULIETTE.

Oh ! si j'avais eu des pièces d'or elles dureraient encore ; au lieu que je n'ai plus d'argent dans ma poche. (*Pleurant.*) Je ne pourrai donc pas faire la Ste-Catherine, moi !...

JULIE.

Si fait, si fait, je paierai pour toi.

VIRGINIE (*à part*).

Tiens.... elle n'est donc pas si avare que sa sœur le disait.

CAROLINE.

Moi, j'ai eu autant d'argent que Julie ; mais toutes ces jolies pièces étaient rondes, je les ai fait rouler à droite, à gauche, de tous les côtés. C'est ma devise, à moi : il faut que l'argent circule.

GERMAINE.

Je crois qu'elle est mauvaise votre devise ; car sans votre sœur aujourd'hui....

CAROLINE.

C'est bon, c'est bon : revenons à nos comptes.

GERMAINE.

Ah ! elle veut faire des comptes quand elle n'a plus d'argent.

LÉONIE.

Je trouve que Julie a raison, trois francs c'est trop : ne mettons chacune que deux francs.

JULIE.

Oui, c'est raisonnable. Mais les petites doivent-elles mettre autant que nous ?

LES PETITES.

Non, ce n'est pas juste.

SOPHIE.

Ah ! les petites sont aussi friandes de gâteaux que les grandes.

LAURE.

Peut-être bien ; mais on nous donne les plus petits à nous.

MIMI.

Et puis, on nous mènera coucher à neuf heures ; tandis qu'on vous laissera continuer vos jeux jusqu'à onze heures, vous.

LÉONIE.

Tiens, sa raison est bien juste à cette petite Mimi.

JULIE.

Eh ! bien, mesdemoiselles, deux francs pour nous et un pour les plus jeunes, cela vous convient-il?

TOUTES.

Adopté, adopté.

JULIE.

Voilà donc cinq francs pour ma sœur, pour moi et ma petite cousine. Mettez chacune dans la bourse.
(*Chacune y dépose sa pièce.*)

GERMAINE (*en la mettant.*)

C'est beaucoup, mais puisqu'il le faut !...

JULIE.

Bien, comptons maintenant : quinze grandes qui ont mis

deux francs, cela fait trente francs, quinze petites, un franc: en tout quarante-cinq francs.

PLUSIEURS.

Ah! que d'argent!

JULIE.

Mais, je ne trouve que quarante-trois francs, comptez plutôt.

LÉONIE.

En effet : il y a une grande qui n'a pas mis sa pièce.

LAURE.

C'est sans doute Germaine.

LOUISE *(d'une voix étouffée.)*

Non, ce n'est pas Germaine.

GERMAINE.

Ah! par exemple! J'avais ce matin quatre francs dans ma bourse, je n'ai plus que deux francs, voyez...

SOPHIE.

Mais dans cette poche?

LOUISE.

Mesdemoiselles, n'accusez pas Germaine ; c'est moi qui ayant dépensé tout mon argent, et n'osant pas vous le dire, ai fait semblant de mettre dans la bourse ; mais croyez-le, je n'eusse pas mangé une croquignolle de votre régal aujourd'hui. Ah! que Julie a bien raison d'être économe : quand on est prodigue, on n'éprouve que des humiliations!...

GERMAINE.

Cette pauvre Louise, est-elle franche et honnête, de dire ça tout haut; comme ça!...

Mesdemoiselles, mettons toutes pour elle....

PLUSIEURS.

Mais nous n'avons plus rien.

JULIE.

Moi, vous le savez, j'ai de l'argent de reste, voilà sa cotisation.

LOUISE.

Non, ma chère amie, je ne souffrirai pas...

JULIE.

Laisse donc, laisse donc, entre compagnes ne faut-il pas s'obliger ?... tu me rendras cela le mois prochain, si tu le peux.

LOUISE.

Eh ! l'on dit quelquefois que tu es avare ! Ah ! comme on se trompe : (*Elle chante.*)

Air : *Trahit l'incognito.*

Le moyen d'être généreuse
N'est-ce pas d'économiser ?

JULIE.

Il n'est pas de mine fameuse
Qui ne puisse un jour s'épuiser. (*Bis.*)

LOUISE.

Je veux calculer ma dépense
Maintenant sur mes revenus,
Gardant pour mainte circonstance
Toujours quelques écus. (*Bis.*)

LAURE.

Ah! c'est ennuyeux, cette morale là ! Allons jouer au jardin.

TOUTES LES PETITES.

Oui, oui, c'est cela. (*Les petites s'en vont.*)

LÉONIE.

Voyons, mes bonnes amies, réglons décidément notre menu. Sur nos quarante-cinq francs, prélevons d'abord cinq francs pour Babet.

SOPHIE.

Eh ! pourquoi donc ?

D'AUTRES.

Oui, pourquoi donc ?

LÉONIE.

Mais parce que c'est aussi une jeune fille, qu'elle ne sera pas de la fête, et qu'il faut qu'elle se réjouisse comme nous.

JOSÉPHINE.

Et puis, ne va-t-elle pas être bien occupée pour faire toutes nos commissions aujourd'hui ?

ZOÉ.

C'est vrai, c'est vrai : allons, mes bonnes amies : La justice avant tout.

SOPHIE.

Hélas ! voilà notre vin muscat qui s'en va à vau-l'eau. Il m'aurait pourtant bien réchauffé l'estomac.

JOSÉPHINE.

Es-tu frileuse, toi !...

SOPHIE.

Il fait si froid !....

JULIE (*réfléchissant*).

Voyons, pour avoir des gâteaux pour trente, il en faut bien cent vingt, des gimblettes, idem ; deux nougats, deux tartes, etc., savez-vous que nous n'avons pas trop d'argent. Tenez, mesdemoiselles, je crois qu'il nous faut renoncer aux violons, nous jouerons nous-mêmes du piano.

SOPHIE.

Mais celle qui en jouera restera à sa place.

PLUSIEURS.

Ah! comme ce sera ennuyeux !

JULIE.

J'en jouerai, moi, pour celles qui aiment le plus sauter.

ZOÉ.

Ah! tu t'amuseras bien, toi ?

CAROLINE.

Bah! pour économiser, il n'est rien que ma sœur ne fasse.

GERMAINE (à d'autres.)

Dame! elle a raison, pas vrai?

PLUSIEURS.

Oui, elle a raison.

SCÈNE V.

Les Mêmes, BABET.

Mesdemoiselles, mesdemoiselles. Il y a deux petites auvergnates dans la cour dont l'une a une vielle; elles demandent si vous voulez de leurs services aujourd'hui.

ZOÉ.

Tiens, si nous essayions de la vielle, ce serait moins cher que des violons, et tu pourrais danser Julie?

TOUTES.

Essayons, essayons.

BABET.

Je vais demander à Madame si elle veut qu'on fasse entrer ces pauvres enfants. (*Elle sort.*)

VIRGINIE.

Oh! elle le voudra bien : elle est si bonne.

SOPHIE.

Nous aurons là un drôle d'orchestre, vraiment!...

VIRGINIE.

Est-elle singulière, cette Sophie : elle ne s'est pas proposée pour jouer du piano, et elle dédaigne la vielle!...

CAROLINE (riant.)

C'est qu'elle aime ses aises, elle!...

GERMAINE.

On peut bien danser avec une vielle; chez nous, en Bretagne, nous dansons au biniou et nous nous amusons tout de même.

SCÈNE VI.

Les Mêmes, BABET, *amenant les petites auvergnates.*

Les voici :

(*L'une joue ou est censé jouer de la vielle ; l'autre chante.*)

Air : *Aux Montagnes de la Savoie.*

Allegretto.

Nous ar - ri - vons de la Sa-
voi - e Pour vous a - mu - ser un p'tit
brin. Ah ! don-nez - nous un peu de
joi - e Et d'ça pour a - che - ter du
pain. E - cou - tez vo - tre bien-fai-
san - ce, ré - a - li - sez notre es - pé - ran-
ce notre es - pé - ran-

LA SAINTE-CATHERINE.

ce notre es-pé - ran, - ce notre es-pé-
ran - ce.

SOPHIE.

Petites, est-ce que vous ne savez pas un air plus gai que ça ?

JAVOTTE.

Oh ! qu'ci, mamzelle, tenez en v'la un autre.

Air tronqué de : En revenant d'Auvergne.

Quand on ai-me sa mè-re
Et nous vou-lons tout fai-re

Quand on ai-me sa mè-re Quand on ai-me sa
Et nous vou-lons tout fai-re Et nous voulons tout

mè-re Il faut la se-cou-rir.
fai-re A-fin d'y par-ve-nir.

Nous ba-lay-ons la crot-te, Nous
montrons la mar-mot-te. Ya co-co co-co

(*Faisant toutes deux un petit cri*) : Yo!....

PLUSIEURS ÉLÈVES.

Ah! qu'elles sont gentilles!...

ZOÉ.

Et savez-vous aussi jouer des contre-danses?

NANETTE.

Oui dà! oui dà, mamzelle.
Même des *Peulkas*, des *Sotises*.

CAROLINE (*riant.*)

Ah! des sottises!... Elle veut dire des schotisch.

JAVOTTE.

Je savons aussi des ré..... comment donc, des *rédola*.

CAROLINE.

Elle veut dire des rhédovas.

JULIE.

Eh! bien, combien nous prendrez-vous pour nous jouer de tout cela pendant deux ou trois heures?

JAVOTTE.

Dame! deux ou trois francs.

JULIE.

Ce n'est pas assez, n'est-ce pas, mesdemoiselles?
Il faut leur en donner cinq.

CAROLINE.

Pourquoi donc les veux-tu payer plus cher qu'elles ne le demandent?

JULIE.

Parce que les pauvres petites travaillent pour leur mère, ma sœur.

GERMAINE.

Ah! Caroline qui disait que sa sœur était avare!

LOUISE.

C'est que ce ne sont pas celles qui prodiguent le plus qui sont les plus généreuses, vois-tu? Hélas! je sais cela, moi!

ZOÉ.

Eh! bien, la chose étant conclue, vous viendrez ce soir à sept heures, n'est-ce pas?

JAVOTTE.

Oui, mamzelle, nous n'y manquerons pas.

NANETTE *(s'en allant avec sa sœur, en sautant).*

Oh! la bonne aubaine! La bonne aubaine!...

SCÈNE VII.

LES MÊMES ET BABET.

LÉONIE.

Voyons, Julie, règle avec nous toutes les commandes, afin que nous les donnions à Babet.

JULIE (*papier et crayon en main*).

Je le veux bien. Gâteaux 6 fr., biscuits....
(*On entend le bruit d'une chute, puis des cris.*)

PLUSIEURS.

Eh! mais qu'est-ce que c'est ?

JULIE.

Une des petites s'est blessée sans doute : hélas ! c'est peut-être ma cousine. Pourquoi les avons-nous laissées aller au jardin ?

BABET.

Non, non, mademoiselle, ce n'est pas une petite qui pleure : les cris sont trop forts : on dirait d'ailleurs qu'ils partent de l'escalier qui conduit à la cour, écoutez..... Attendez je vais voir.

LÉONIE.

Entendez-vous encore ?

PLUSIEURS.

Oui, c'est par là.

SOPHIE.

Quel est l'accident qui vient troubler notre fête ?

GERMAINE.

Es-tu singulière de penser à notre fête quand quelqu'un a du mal.

JULIE.

Germaine a raison : nous devons surtout songer à secourir ceux qui souffrent.

SCÈNE VIII.

Les Mêmes, LA BONNE ET JAVOTTE *soutenant* NANETTE *ensuite les* PETITES.

NANETTE (*pleurant.*)
Ah ! notre pauvre vielle est cassée : plus de gagne-pain !

JAVOTTE.
Et toi, ma bonne sœur, as-tu encore bien du mal, dis ?

NANETTE (*toujours boitant.*)
Ce n'est rien, ce n'est rien ; mais not' vielle, not' pauvre vielle !.... Hélas ! pourquoi que j'me sommes avisée de sauter dans c' t' escalier qui brille comme un miroir !

JAVOTTE.
C'est qu' les semelles de tes souliers ne t'nont plus, et puis t'étais si contente, pauvre sœur !... va ! et à présent plus de vielle, plus d' pain.

GERMAINE.
Consolez-vous, pauvres enfants : S'il vous faut deux francs pour la faire raccommoder, les voilà : ils sont à vous.

NANETTE.
Ah ! ce n'est pas assez ; elle est en mille pièces. Hélas ! comment rentrer chez not' mère sans not' instrument ?

LAURE.
Est-ce que votre mère vous battra ?

NANETTE.
Ah ! b'en, oui, not' pauvre mère nous battre !
Elle est bonne comme la bête du bon Dieu, Allez !...

JULIETTE.
Et pourquoi pleurez-vous ?

JAVOTTE.
C'est qu'elle est malade, b'en malade ! Elle va être saisie toute blême, quand nous rentrerons sans not' vielle.

NANETTE.

Comment maintenant lui avoir du bouillon.

Ah ! nous étions si heureuses de pouvoir lui porter cent sous ce soir !

GERMAINE.

Mesdemoiselles, si nous les leur donnions tout de même ?

PLUSIEURS.

C'est cela. C'est cela.

JULIE.

Mes bonnes amies, faisons mieux : (*Elle parle bas à quelques grandes.*)

VIRGINIE.

Je vais demander la permission à madame. (*Elle sort.*)

TOUTES (*excepté Sophie*).

Oui, oui, oui, elle ne demandera pas mieux.

SOPHIE.

Ainsi, il faudra donc nous passer de faire la Ste-Catherine.

PLUSIEURS.

Bah ! nous jouerons encore mieux.

SOPHIE.

Mais nous ne pourrons rien avoir pour nous régaler.

JULIE.

Comment, Sophie, toi qui aimes tant tes aises, tu serais fâchée de procurer seulement du pain à ces pauvres enfants ?

SOPHIE.

Oh ! non je n'en serais pas fâchée !....

GERMAINE.

Et du bouillon à leur pauvre mère qui gèle dans son lit, malade ?

LÉONIE.

Pense donc à leur position, toi qui es si frileuse : ces

pauvres petites marchent dans la neige avec des souliers percés !.....

SOPHIE.

C'est vrai; je ne songeais pas qu'il pût y avoir des gens si pauvres... Dame ! quand on est bien, soi.....

BABET.

Eh ! oui, mamzelle, quand on est bien, m'est avis qu'il faut faire de son mieux pour que les autres soient moins mal.

VIRGINIE *(revenant)*.

Mesdemoiselles, madame nous approuve.

LÉONIE.

Allons, mes bonnes amies, donnons-leur tout notre argent.

CAROLINE.

Babet, vous perdrez à cela cinq francs qui devaient être votre part.

BABET.

Eh ! bien tant mieux ! mamzelle, il me semble qu'ils me porteront bien plus bonheur que s'ils étaient dans ma poche.

JULIE.

Cette pauvre Babet ! Voyez-vous, mes amies, elle nous fait la leçon à toutes.

CAROLINE.

Ah ! pas à toi, ma sœur; tu es la meilleure de nous, va : c'est toi qui as eu cette bonne idée.

JULIE.

Tends ton tablier, Nanette, tiens voilà de quoi acheter une autre vielle. (*Elle fait glisser toutes les pièces dans son tablier.*

NANETTE.

Ah ! que d' belles pièces ! que d' belles pièces !
Merci, mes bonnes demoiselles, merci.

JAVOTTE.

Le bon Dieu vous bénira, c'est sûr ça.

NANETTE.

Allons vite cheu notre mère lui faire voir ce beau butin.

JAVOTTE.

Et lui avoir du bouillon tout de suite.

SOPHIE *leur dit quand elles s'en vont.*

Et si vous ne pouvez avoir du feu pour elle, ni des souliers pour vous, venez me le dire dans huit jours, j'aurai reçu alors mon mois, et.....

D'AUTRES.

Nous aussi, nous aussi.

BABET.

Ah! mamzelle Sophie, c'est bien ça, c'est bien ça: Ah! vous pouvez porter votre manteau tant que vous voudrez : m'est avis qu'il vous pèsera moins sur les épaules.

SOPHIE.

Justement je vais l'ôter ; car je veux jouer, sauter et me divertir: ça me dégourdira.

BABET.

Voyez-vous comme une bonne action réchauffe le cœur et le rend content?....

LAURE.

Eh! bien, les petites auvergnates emportent donc notre argent !

BLANCHE.

Nous n'aurons donc pas de gâteaux ?

JULIE.

Mais, mes enfants, c'est pour acheter du pain à celles qui n'en ont pas.

JULIETTE *(d'un ton pleureur.)*

Plus de baba, de croquettes, de nougats, c'eût été si bon !

LA SAINTE-CATHERINE.

MIMI.

L'eau m'en venait à la bouche, et plus rien, plus rien du tout !

JULIE.

Vous êtes encore trop petites pour savoir vous imposer des privations. (*Tirant sa bourse.*) Tenez... moi je suis riche, je régale tout le monde de pain d'épice et de croquignoles. Voulez-vous nous en aller chercher, Babet ?

BABET.

De tout mon cœur, mamzelle.

PLUSIEURS.

Ah ! que Julie est bonne !.....

D'AUTRES.

Vive Julie ! Vive Julie !

CAROLINE (*l'embrassant*).

Ma sœur, ma bonne sœur, je ne t'appellerai plus avare, va. Je vois que j'étais seulement prodigue, et que toi, tu es tout-à-fait généreuse.

JULIE.

C'est, ma Caroline, parce que d'ordinaire je suis économe.

GERMAINE.

Eh ! v'la ce que c'est ; l'argent qu'on a conservé, on peut s'en servir quand on veut au gré de son cœur.

LÉONIE *chante.*

Air : *Il était un roi d'Yvetot.*

Ah ! que les nô-tres sont heureux d'une ac-ti-on lou-a-ble! Nous ri-rons, nous jou-

Ah! que les nôtres sont heureux
D'une action louable!
Nous rirons, nous jouerons bien [mieux];
Est-il plaisir semblable?
Adieu nougat, tartes, baba,
Ou peut bien se passer de ça.

GERMAINE.
Oui dà.
LÉONIE *continue.*
Ce qui toujours nous charmera
C'est le souvenir de cela
TOUTES *font bis la main sur leurs cœurs.*
Là, là.
CAROLINE.
Pour goûter ce plaisir en soi
Faisons comme Julie,
Arrondissons notre trésor
Par notre économie,
Et quand un être gémira,
Nous lui dirons : prends ça, prends ça.

(Faisant signe que l'argent est dans sa main.) Là, là;
TOUTES *(bis).*
Jamais on ne regrettera
L'argent qui le soulagera
Là, là.
SOPHIE.
Mais pour accomplir ce devoir,
Que Dieu lui-même ordonne ;
Je sens qu'il ne faut pas avoir
Trop soin de sa personne.
Pour soi, veut-on ci, veut-on ça,
L'argent tout aussitôt s'en va;
GERMAINE.
Oui dà!
TOUTES *font bis en mettant la main sur leurs cœurs.*
Gardons-le pour qui pâtira :
Nous jouirons bien mieux comme ça
Oui dà.

LA
FILLE INCONNUE

COMÉDIE EN 3 ACTES

Avec Couplets et Musique

PAR

MME MANCEAU

Maîtresse de Pension à Paris

PARIS

VICTOR SARLIT ET Cie, LIBRAIRES-ÉDITEURS

Rue de Tournon, 19

LA FILLE INCONNUE.

Pièce en trois actes.

PERSONNAGES.

Mme MIRCOURT.

Mme SÉVANNE, sa sœur.

ADÈLE,
ALINE, } crues toutes deux filles de Mme Mircourt, 11 à 12 ans.

MADELEINE, sa cuisinière, vieille femme.

JULIENNE, femme de chambre.

ÉLÉONORE, 13 ans,
SOPHIE, 12 ans.
ZÉLIE, } 10 à
JOSÉPHINE, } 11 ans. } compagnes de pension des deux jeunes filles.

Une pauvre femme, aveugle.

LA
FILLE INCONNUE

ACTE PREMIER.

Le théâtre à tous les actes représente une salle basse, donnant si l'on veut sur un jardin.

SCÈNE PREMIÈRE.
Mme MIRCOURT, MADELEINE.

Mme MIRCOURT.

Madeleine, tu sais que ma sœur m'amène mes filles aujourd'hui avec plusieurs de leur compagnes.

MADELEINE.

Oui, Madame, je le sais. (*A part.*) Oh! nous aurons un beau train aujourd'hui!....

Mme MIRCOURT.

N'oublie pas de faire une grande galette, des crèmes, une tarte aux pommes : je veux régaler ces enfants.

MADELEINE (*de mauvaise humeur*).

On fera tout cela, madame, puisque vous le voulez ; mais faut avouer qu'vous êtes par trop bonne : Comment ! vous n'aviez pas assez d'vos deux filles, dont l'une est si folâtre, que quand elle est ici, c'est comme un vrai tonnerre dans la maison, sans vous charger encore...

Mme MIRCOURT.

Assez, assez, Madeleine : je n'aime pas qu'on se mêle de

critiquer mes actions ; si tu as trop à faire au surplus, Julienne, la femme de chambre de ma sœur, t'aidera.

MADELEINE.

N'croyez pas que je craigne la besogne, ma chère dame ; mais c'est que vous avez tant besoin de tranquillité !... Et je suis sûre d'avance que vous serez malade de cette réception : la jeunesse est si turbulente !...

Mme MIRCOURT.

Il faut bien être indulgente pour elle, ma bonne ; d'ailleurs il est des jeunes filles douces, charmantes, aimables, Aline, par exemple...

MADELEINE.

Pour celle-là c'est un vrai mouton, si serviable ! si serviable ! Ah ! c'est bien elle qui est votre fille, allez..

Mme MIRCOURT.

Qui sait ? elle n'a pas plus de rapport avec mes traits et ceux de son pauvre père qu'Adèle...

MADELEINE.

C'est vrai, madame ; mais sa douceur, sa bonté, son obligeance, tout la fait ressembler à vous. Allez, allez, c'est bien celle-là qui vous appartient : j'en donnerais les cinq doigts de ma main, de ma main gauche s'entend.

Mme MIRCOURT.

Mon mari quoique très-bon, était fort emporté : sa fille peut tenir de lui.

MADELEINE.

Il est vrai que mademoiselle Adèle n'a pas mauvais cœur ; je me souviens qu'un jour que je suis tombée dans les épines, et que j'avais la figure tout en sang, elle a jeté des cris qui ont fait venir tout le village à mon aide.

Mme MIRCOURT.

O Madeleine ! que tu me fais de bien quand tu me dis cela !... si Adèle est ma fille, elle est bonne du moins.

MADELEINE.

Pauvre chère dame ! il est bien cruel, en effet, de ne pas savoir qui est son enfant.

Mais n'avez-vous donc aucun signe pour la reconnaître ?

Mme MIRCOURT.

Hélas non ! et je ne puis savoir qu'est devenue la nourrice de l'une, la mère de l'autre.

MADELEINE.

C'est affreux ça. Pardon, madame ; mais contez-moi donc comment c'malheur vous est arrivé. J'n'ai jamais osé vous en demander les détails : vous étiez toujours si souffrante, si triste !...

Mme MIRCOURT.

Je t'ai dit que mon mari était capitaine de port à la Martinique ; deux jours avant la naissance de mon enfant, je reçois une lettre qui m'annonce qu'il est malade. Cette nouvelle change toutes mes dispositions et au lieu de nourrir la chère fille que Dieu m'avait donnée, je lui fais chercher une nourrice. La mère Paul, d'Ingouville, femme d'un honnête matelot, se présente ; je lui confie mon enfant, et peu de temps après, je m'embarque pour aller soigner mon mari. Hélas ! depuis peu au Havre, je n'y avais ni parents, ni amis qui pussent veiller sur ma pauvre enfant, et plus tard m'aider à la reconnaître !....

Je reste deux ans près de mon mari dont mes soins ne purent prolonger la vie.

MADELEINE.

Pauvre chère dame !

Mme MIRCOURT.

Le jour même de mon retour au Havre, je cours à Ingouville, plus d'enfant, plus de nourrice ; le feu a dévoré sa chaumière. J'apprends qu'on a sauvé deux enfants, qu'ils sont dans un dépôt de charité, j'y vole. Je vois deux pauvres petites créatures qui me tendent les bras ; laquelle est ma fille?... Dans mon indécision, je les demande toutes deux, on me les donne et voilà comment je me trouve avoir deux filles au lieu d'une.

MADELEINE.

Mais les petits vêtement des enfants auraient dû vous faire reconnaître votre fille ?

Mme MIRCOURT.

On les avait enlevées de leurs berceaux toutes deux, et d'ailleurs les bonnes sœurs les avaient revêtues l'une et l'autre de la livrée des orphelins.

MADELEINE.

Mais la nourrice, ne l'a-t-on pas revue ?

Mme MIRCOURT.

On m'a dit que la nuit de l'incendie, on a aperçu une femme rôder aux environs de la chaumière en se tordant les bras ; puis qu'elle s'est enfuie du côté de la mer, et que depuis on ne l'a plus revue.

MADELEINE.

La malheureuse ! aurait-elle dans son désespoir ?...

Mme MIRCOURT.

Va, ne parlons plus de ce triste événement, cela me fait du mal.

Ah! ça, Madeleine, je n'ai pas besoin de te recommander le silence avec les enfants, leurs compagnes et la femme de chambre de ma sœur. Ce secret est pour moi et celles qui me sont bien dévouées, telles que toi, et mon excellente sœur.

MADELEINE.

D'puis huit ans que je suis à votre service, vous savez, madame, si j'y ai manqué ? Mais on sonne... J'y vais... attendez. (*On sonne beaucoup plus fort. Madeleine allant ouvrir la porte :*) Bon ! voilà le cordon de la sonnette cassé ! Quel est le bœuf qui l'a tiré ?

SCÈNE II.

Mme MIRCOURT, Mme SÉVANNE ET SES INVITÉES.

ADÈLE (*poussant Madeleine pour passer*).

Bœuf toi-même, Madeleine ! Entends-tu ? (*Elle la fait tomber.*)

ALINE (*qui l'aide à se relever*).

Vous êtes-vous fait du mal, ma bonne ?

MADELEINE.

Non, mon doux agneau ; je cours faire ma galette !

ADÈLE (*embrassant bien fort Mme Mircourt*).

Bonjour maman, ma bonne petite mère.

Mme MIRCOURT.

Prends donc garde, étourdie : tu me décoiffes et tu me fais du mal.

ALINE (*l'embrassant plus doucement*).

Bonjour chère maman, comment vous portez-vous aujourd'hui ?

Mme MIRCOURT.

Bien, chère enfant. (*Aux autres personnes.*) Bonjour, chère sœur. Salut mes belles demoiselles. Vous avez donc bien voulu répondre au désir de mes filles ?

ÉLÉONORE.

C'est trop de plaisir et d'honneur pour nous, madame.

ADÈLE.

Réponds donc tout bonnement que tu en mourais d'envie ?

Mme MIRCOURT.

Veux-tu donc empêcher ta compagne d'être polie ?

ADÈLE.

Oh ! c'est que j'aime qu'on soit franche, moi : la campagne et la galette entraient pour beaucoup dans ce plaisir et cet honneur là.

SOPHIE.

Voyons, Adèle, veux-tu nous faire passer pour des gourmandes devant ces dames ?

ADÈLE.

Comme si vous ne l'étiez pas autant que moi ; témoins tous ces gâteaux que vous avez achetés en route, et dont vous n'avez pas voulu me donner une miette.

ALINE.

Tais-toi donc, ma sœur : pour leur bonne venue tu les fais rougir toutes.

Mme SÉVANNE.

Ne rougissez pas ainsi, mesdemoiselles : je puis dire à ma sœur que si vous n'avez pas voulu partager vos gâteaux avec Adèle, c'est qu'elle n'a fait que vous taquiner en route.

ZÉLIE.

C'est si vrai, que nous en avons donné à Aline.

ZOÉ.

Et que celle-ci a partagé le sien avec sa sœur.

Mme MIRCOURT.

Mais pourquoi n'en achetiez-vous pas pour vous, mes enfants ? N'aviez-vous plus d'argent ?

ADÈLE.

Moi j'avais encore deux sous et j'en ai acheté ce mirliton. (*Elle le tire de sa poche et le fait aller.*)

Mme MIRCOURT.

Ah ! trêve de ta musique, tu nous écorches les oreilles. Et toi, Aline : n'as-tu rien acheté ?

ALINE.

Pardon, maman ; ce joli petit panier pour mettre votre ouvrage.

Mme MIRCOURT (*l'embrassant*).

Merci, ma bien-aimée.

ADÈLE.

Ah! bien aimée pour un petit panier! Il est beau ce panier. (*Elle le fait sauter.*)

Mme MIRCOURT (*tendant la main*).

Voulez-vous me le rendre, Adèle?

ADÈLE (*continuant de le faire sauter et chantant*).

Air : *Ah ! le bel oiseau vraiment.*
Ah ! le beau panier vraiment
Il tiendra beaucoup d'ouvrage !
Ah ! le beau panier vraiment
Qu'il est beau ! qu'il est charmant !

Mme MIRCOURT.

Cessez vos impertinences, ou sortez, mademoiselle.

ADÈLE.

Quoi! maman, vous vous fâchez pour cela! (*Elle lui rend le panier.*) Si vous saviez pourtant comme j'ai eu un bon bulletin !.... et tenez, le voici.

Mme MIRCOURT (*se radoucissant*).

Voyons, donne?... (*Elle lit.*) Ecriture... malpropre. Eh! mais.....

ADÈLE.

Ce n'est pas ma faute : je fais toujours des pâtés, et l'encre est si noire ! mais continuez, je vous prie.

Mme MIRCOURT.

Orthographe, bien.

ADÈLE.

Vous voyez?

Mme MIRCOURT.

Calcul, passable.

ADÈLE.

Ça peut passer.... j'espère.

Mme MIRCOURT.

Géographie, très-bien.

ADÈLE.

Là! qu'en dites-vous ?

Mme MIRCOURT.

Que je suis contente, ma fille.

ADÈLE (voulant lui ôter le bulletin).

Eh bien ! maman, assez, assez ; ne faut-il pas toujours rester sur la bonne bouche.

Mme MIRCOURT.

Ah ! le reste ne vaut rien.

ADÈLE.

Pas grand'chose, en effet : dame ! les bulletins ce n'est pas comme ces jeux, où à tous coups l'on gagne. (*Elle veut encore retirer le papier.*)

Mme MIRCOURT.

Laissez, laissez, ma fille, je veux lire tout.

ADÈLE.

Ah ! bien, je vais au jardin, moi. Voulez-vous venir Mesdemoiselles ?

Mme MIRCOURT.

Vous pourriez en demander la permission, je pense.

ADÈLE (d'un ton d'humeur).

Il me semble, maman, que vous n'avez pas invité ces demoiselles pour les faire périr d'ennui ici ?

Mme MIRCOURT.

Vous devriez dire cela autrement, Adèle ? Allez, mes bonnes amies. (*Les jeunes filles saluent et se retirent.*) (*A Aline restée derrière avec sa sœur.*) Ton bulletin, Aline ?

ALINE *revient sur ses pas et le donne.*

Tenez, bonne mère.

ADÈLE (d'un air moqueur).

Ah ! cela est tout sucre et tout miel. (*Adèle fait passer sa sœur devant elle et la pousse dans le jardin.*)

SCÈNE III.

LES DEUX DAMES.

Mme MIRCOURT.

Est-elle taquine et fougueuse !
Hélas ! est-ce là mon enfant ?

Mme SÉVANNE.

Elle est fort vive et fort insoumise, mais elle a du bon, ma sœur. Tiens, en route, elle n'a fait qu'agacer continuellement sa sœur ou ses compagnes ; mais dès qu'elle les voyait fâchées, elle leur sautait au cou et la paix était bientôt faite.

Mme MIRCOURT.

Voyons le reste de son bulletin. *Faible, faible, assez bien, caractère taquin, dissipé, souvent insupportable.*
Ah ! voilà surtout ce qu'elle voulait me cacher.
Et sa sœur ? (*Lisant*) : *bien, bien, bien, très-bien, caractère angélique.* Charmante enfant ! puisses-tu être ma fille !

Mme SÉVANNE.

Mais pourquoi te tourmenter ainsi ? Comme tant d'autres mères tu as deux filles de caractères différents : l'une que la nature t'a donnée ; l'autre que la providence te confie : à ta place je les aimerais toutes deux sans vouloir savoir quelle est véritablement la mienne.

Mme MIRCOURT.

Mais ma chère, si la mère de l'une d'elles venait la réclamer, et si c'était Aline ?

Mme SÉVANNE.

Ah ! bah ! la pauvre femme sans doute est morte.

SCÈNE IV.

Les Mêmes, ALINE *ramenant* ZÉLIE ET JOSÉPHINE *qui pleurent.*

ALINE.

Cela ne sera rien, allez, ne pleurez plus, mes bonnes amies.

ZÉLIE.

Ma robe est salie et déchirée.

JOSÉPHINE.

Et moi, mon chapeau est tout cabossé; ah! comme on va nous gronder à la pension.

Mme MIRCOURT.

Qu'est-il donc arrivé?

ALINE.

Un petit accident, maman ; mais cela ne sera rien : vou-vez-vous me donner un peu de fil ?

Mme SÉVANNE.

Tiens, Aline, appelle ma femme de chambre elle est fort adroite.

ALINE *va à la porte.*

Julienne! Julienne! elle ne m'entend pas. Je vais la chercher. (*Elle sort*).

ZÉLIE.

Ah! quel grand trou !

Mme MIRCOURT.

Mais comment cela est-il arrivé?.....

ZÉLIE.

Madame, ce n'est pas ma faute, je disais toujours: Adèle, laisse-moi, laisse-moi.

JOSÉPHINE.

Et moi aussi.

ZÉLIE.

Finis donc, finis donc, un buisson accroche ma robe.

JOSÉPHINE.

Bah! elle tirait toujours plus fort, nous sommes tombées, et voilà mon chapeau abîmé.

ZÉLIE.

Ma robe déchirée.

Mme MIRCOURT.

Toujours cette détestable Adèle!....

SCÈNE V.

Les Mêmes, ALINE ET JULIENNE.

JULIENNE.

Que voulez-vous, madame?

Mme SÉVANNE.

Que vous raccommodiez la robe de cette enfant et redonniez une forme convenable à ce chapeau.

Mme MIRCOURT.

Appelle ta sœur et tes compagnes, Aline; que l'on monte aussi dans ma chambre leurs mantelets et leurs chapeaux. (*A sa sœur.*) C'est une précaution que nous aurions bien dû prendre.

ALINE *(appelant)*.

Mesdemoiselles! mesdemoiselles, arrivez, arrivez. (*Elles rentrent.*)

ADÈLE *a son chapeau hors de sa tête quoique suspendu à son cou par les rubans; ses cheveux sont en désordre; son mantelet tout de travers.* (*Elle dit.*)

Qu'y a-t-il? la galette est-elle faite?

Mme MIRCOURT.

Il est bien question de galette?... voyez comme vous avez arrangé vos compagnes.

ADÈLE.

Oh! dame! il faut bien jouer!...

Gageons que c'est cette pimbêche d'Aline qui a dit cela?

ALINE.

Ah! ma sœur, je n'en ai point parlé, demande à maman et à ma tante.

Mme MIRCOURT.

Non, elle n'a rien dit, c'est ton mauvais esprit qui te figure cela. Ce n'est donc pas assez d'être folle et taquine, tu es donc encore méchante, toi ?

ADÈLE (*murmurant*).

Méchante ! méchante ! on me fait toujours des reproches à moi.

Mme SÉVANNE.

Taisez-vous, Adèle, et donnez votre chapeau et votre mantelet comme vos compagnes.

(*La femme de chambre les prend à toutes, quand elle arrive à Adèle, celle-ci au lieu de lui donner le sien le met sans devant derrière sur la tête de Julienne.*)

JULIENNE.

Vous m'abîmez mon bonnet, mademoiselle, mes rubans roses tout neufs ! je ne vois plus clair là-dessous.

ADÈLE (*la faisant tourner devant les dames*).

Oh ! la jolie tournure qu'elle a comme ça ! voyez-donc. (*Elle rit.*) Ah ! ah ! ah !...

Mme MIRCOURT.

Adèle, finissez donc toutes vos folies.

ADÈLE.

Oui, maman, je vais voir la galette. Venez, venez, mes amies. (*Elle part avec sa sœur et celles qui ne suivent pas Julienne.*)

SCÈNE VI.

LES DEUX DAMES.

Mme MIRCOURT.

Elle est incorrigible !...

M™ SÉVANNE.

Que veux-tu? c'est la fougue de l'âge; et puis tu l'as souvent gâtée.

M™ MIRCOURT.

Mais n'en ai-je pas fait autant pour Aline?

M™ SÉVANNE.

C'est une autre nature. Tu aurais dû corriger dans Adèle les défauts aussitôt qu'ils se sont montrés.

M™ MIRCOURT.

Eh! ma bonne amie; mets-toi à ma place, et n'accuse que mon incertitude maternelle : Quand je me sentais trop portée à aimer Aline, à punir Adèle, je me disais : c'est peut-être celle-ci qui est ta fille : faut-il montrer un front sévère à ton enfant, et donner ton cœur à une étrangère?

Alors je devenais trop faible pour celle que j'aurais dû corriger, en effet.

M™ SÉVANNE.

Allons, console-toi : le cœur de toutes deux est bon, je pense, et un bon cœur peut corriger de bien des défauts.

SCÈNE VII.

Les Mêmes, MADELEINE SUIVIE D'ADÈLE, D'ÉLÉONORE ET DE SOPHIE.

MADELEINE.

Madame, par grâce, faites finir mademoiselle Adèle : c'est pire qu'un tourbillon dans ma cuisine, elle vire partout, elle touche à tout; enfin, pour comble de malheur, ne voilà-t-il pas qu'elle se met à patroner ma pâte; elle prétend qu'elle saura aussi bien que moi faire une galette.

ADÈLE *(arrivant la figure barbouillée de farine et tenant un peu de pâte dont elle fait un gros colimaçon montrant ses cornes). (Elle chante :)*

    Colimaçon borgne,
    Montre-moi tes cornes, etc.

(*Elle est si drôle ainsi que les deux dames et surtout les deux autres jeunes filles rient*).

Ah! ah! ah !

MADELAINE (*en colère*).

Ah! dame! si tout le monde rit au lieu de me donner raison, f'ra la galette et la tarte qui voudra!...

ADÈLE (*se tournant vers Madeleine*).

Colimaçon borgne,
Montre-moi tes cornes;
Pour celles que voici,
Montre-les jusqu'à midi.

(*Les autres rient encore plus fort*).

MADELEINE.

Ah! jusqu'à midi vous comptez faire votre vacarme? Et mon four qui chauffe et qui sera froid.

ADÈLE.

Eh! bien; tu feras cuire ta galette au soleil, Madeleine; vois comme il brille le beau soleil du bon Dieu; il vaut bien le feu de ton four, va.

MADELEINE.

Laissez-moi tranquille, mademoiselle, et ne parlez pas du bon Dieu quand vous faites vos extravagances.

Mme MIRCOURT.

Elle a raison, ma fille: tes plaisanteries sont tout-à-fait inconvenantes!...

MADELEINE.

O madame! rien ne lui est sacré, ni ce qui est au ciel, ni sur la terre, ni sur ma table.

ADÈLE (*riant*).

Est-elle drôle, cette pauvre Madeleine, elle mêle le ciel, la terre et sa table de cuisine ! Ah! ah! ah!

MADELEINE.

Sachez, mademoiselle, qu'elle est respectable ma table; vous lui devez des gâteaux, des hachis, des nougats dont vous vous êtes léché la barbe.

ADÈLE.

Ah! ah!... comme si j'en avais!... au surplus si j'en ai, tu vois qu'elle est blanche: elle est respectable ma barbe.

MADELEINE.

Ah! cesserez-vous de dire toutes ces fariboles. Vous devriez rougir de votre folie : vous me taquinez, vous m'excédez, vous me faites perdre mon temps ; pendant que votre sœur, pour m'aider, est assise bien tranquillement dans la cuisine à éplucher mes pommes. Si j'étais madame, moi ; je vous mettrais au pain et à l'eau, plutôt que de vous donner tantôt de la tarte et de la galette.

ADÈLE (se mettant en colère).

Tu m'ennuies à la fin toi-même : Tiens, tiens, je saurai bien te clore la bouche. (*Elle fait une espèce de petite galette de son colimaçon et la lui plaque sur les lèvres*).

MADELEINE (ôtant la pâte).

Ah! vous avez bien raison de vouloir me clore la bouche, car si je parlais vous n'auriez pas tant à rire, que je crois.

ADÈLE (s'emportant).

Comment! qu'as-tu à dire encore de moi à maman, quel mal t'ai-je fait?

ÉLÉONORE.

Madame, nous sommes témoins qu'Adèle n'a pas fait autre chose que.....

MADELEINE.

C'est bon, c'est bon, mademoiselle, ce que je veux dire n'est pas de votre compétence.

Mme MIRCOURT.

Chut! Madeleine.

ADÈLE (de plus en plus emportée).

Mais que veux-tu dire? de quoi m'accuses-tu? parle, ou bien...

Mme MIRCOURT.

Quoi! Adèle, des menaces!...

ADÈLE *(un peu radoucie dans le commencement).*

Aussi, maman, elle est insupportable : pour une plaisanterie, elle se fâche comme si je lui faisais grand mal, elle veut me noircir auprès de vous. Tiens, tu es une méchante, Madeleine, une mauvaise fille que je voudrais voir à cent lieues de moi, toi et toutes tes galettes.

MADELEINE.

Bien, bien, mamzelle, déchargez votre cœur, faites ce que vous pouvez pour me faire renvoyer... mais, patience, patience, ce ne sera peut-être pas moi, qui...

Mme MIRCOURT.

Allons, tout cela passe la plaisanterie : Madeleine, allez à vos affaires et n'oubliez pas ma consigne; vous, Adèle, retournez à vos jeux et qu'ils n'importunent personne, ou sinon vous pourriez bien voir changer en pleurs la partie de plaisir qui vous rend si folle. (*Elles sortent, la bonne du côté de sa cuisine, les jeunes filles de celui du jardin.*)

SCÈNE VIII.

LES DAMES SEULES.

Mme MIRCOURT.

Décidément Adèle devient d'un caractère insupportable.

Mme SÉVANNE.

Il y a beaucoup d'enfantillage et de désir de s'amuser dans son fait.

Mme MIRCOURT.

Mais doit-on le faire à satiété, au risque d'impatienter les autres?

Mme SÉVANNE.

Sans doute cela est mal : les enfants devraient savoir que les jeux qui importunent autrui sont de vraies méchancetés; mais laisse faire, cela passera.

Mme MIRCOURT.

Je l'espère ; mais c'est son caractère emporté surtout qui m'afflige.

Mme SÉVANNE.

Ah ! cela est beaucoup plus grave : les jeunes filles devraient être toutes des anges de paix, d'indulgence, de bonté.

Mme MIRCOURT.

Comme mon Aline par exemple.

Mais je l'appelle *mienne*, elle n'est point à moi peut-être !... Ma sœur, vois l'influence d'un doux caractère : dans leur première enfance, je me sentais plus d'entrainement pour Adèle que pour sa sœur : elle était si gaie, si spirituelle, si maligne. Maintenant c'est tout le contraire ; Aline m'attire à elle par son humeur constamment aimable; et l'autre me repousse par ses emportements.

Mme SÉVANNE.

Ecoute, ma sœur, veux-tu que je te donne un avis.

Mme MIRCOURT.

Lequel donc, ma chère Amélie?

Mme SÉVANNE.

C'est d'instruire tes enfants de l'incertitude de leur naissance. La crainte qu'éprouvera Adèle d'être rejetée de tes bras, si tu apprends qu'elle n'est pas ta fille, pourrait servir à dompter ce caractère impétueux.

Mme MIRCOURT *(réfléchissant)*.

Crois-tu?... Mais cette pauvre Aline, si douce, si bonne, lui causer une telle inquiétude!

Mme SÉVANNE.

En lui disant que quoi qu'il arrive, tu l'aimeras toujours.

Mme MIRCOURT.

Ah ! je ne lui dirais que la vérité. Mais, ma sœur, si celle-ci n'était pas mon enfant, devrais-je lui faire du bien au préjudice de ma propre fille ?

Je n'ai pas beaucoup de fortune, tu le sais.

Mme SÉVANNE.

Calme-toi, va, j'ai une idée qui pourrait arranger toute chose. (*La toile se baisse*).

ACTE DEUXIÈME.

SCÈNE PREMIÈRE.

JULIENNE (*seule, époussetant, rangeant*).

Oh! quelle matinée orageuse nous avons eue aujourd'hui. S'il en était ainsi d'ordinaire, j'aimerais mieux quitter Mme Sévanne que de venir passer quelques mois à la campagne avec elle. Et tout cela parce qu'une jeune fille est d'une folie qui n'a pas de nom.

Si elle n'était que joueuse encore, je ne dirais rien d'avoir à ranger, comme je le fais en ce moment, tout ce qu'il lui a plu de mettre sens dessus dessous; mais lorsqu'on la reprend de ses idées extravagantes, elle est d'une arrogance qui fait souffrir tout le monde. Cette pauvre Mme Mircourt, si bonne, est-elle à plaindre d'avoir une fille si turbulente!

Et moi, comme j'étais contente, lorsqu'après ce jeu si bouleversant de charades en action qu'elle a organisé, on m'a priée de la recoiffer.

M'a-t-elle donné de la peine! m'en a-t-elle donné! Vous me tirez les cheveux, Julienne : Aïe! Aïe! Aïe!

Et puis des mots piquants : « Vous ne savez pas votre « métier; laissez-moi tranquille; il semble que vous étril- « lez un cheval. » Un cheval vous-même étais-je prête à lui répondre. Non cela n'aurait jamais fini, si sa mère n'était venue y mettre ordre.

Et comme elle a osé répliquer à la bonne dame! Comme celle-ci s'en est allée désespérée, et les yeux mouillés de larmes.

Ah! les enfants sont bien méchants de causer tant de peine à leurs parents!..... quelle différence de Mlle Aline! Non-seulement elle a bien su renatter ses cheveux elle-même; mais comme elle m'a aidée à relisser ceux de ses compagnes! Oh! elle serait digne d'être femme de chambre, celle-là.

SCÈNE II.

La Même, MADELEINE.

MADELEINE.

Tiens, où sont donc toutes *ces jeunesses!* Je les croyais ici, et je v'nais leur dire de déguerpir, afin qu' tout soit propre quand ces dames redescendront.

JULIENNE.

Avant mon arrivée tout y était sens dessus dessous, et quelle poussière! quelle poussière!..... Mais j'ai voulu nettoyer cette pièce pour vous aider; car à votre âge on ne peut pas tout faire.

MADELEINE.

Merci de votre obligeance, mais on d' vot' compliment, ma chère : apprenez qu' mon âge n'est pas si âgé. Si l'on portait comme vous des rubans roses sur son bonnet, on n'aurait p' t'être pas l'air si *vieille*.

JULIENNE.

Ah! des rubans roses sur un bonnet à la paysanne, ça ferait-il un drôle d'effet?

MADELEINE.

Pas si drôle, si c'était la mode; car la mode est tout, voyez-vous; et comme elles sont changeantes les modes, il peut arriver qu'on mette quéque jour des fontanges sur nos cornettes; alors vous verrez que j' n'aurons pas plus l'air âgée que vous p' t'être.

JULIENNE.

Etes-vous drôle, Madeleine, de vous fâcher pour ça, et que ce soit vous qui disiez que les modes sont changeantes; vous qui mettez toujours les mêmes ingrédients dans vos bœufs à la mode, qu'on en mettait il y a quelques centaines d'années, et que probablement on en mettra toujours.

MADELEINE.

C'est que les choses de bon goût sont toujours de mode, ma chère; d' même, il y a des gens si VIVES, si solides, si b'en CONSTITUÉES, qu'elles sont toujours aussi jeunes que le Pont-Neuf, qu'on appelle ainsi malgré son âge, autrement grand âge que le mien, allez.

JULIENNE.

Je ne vous reconnais pas, en vérité, aujourdhui, ma chère Madeleine. Vous avez l'air de vous fâcher pour un mot; tandis que de coutume nous vivons en si bonne intelligence.

MADELEINE.

Ah! c'est que de coutume je vivons un peu plus tranquillement qu'aujourd'hui, qu' cette Mlle Adèle m'a fait tourner la tête. Elle est cause que ma galette a été brûlée; car il m'a fallu r'mettre du feu à mon four à cause de toutes ses folies. Quand j' l'ons servie n'a-t-elle pas osé en rire encore, en disant à ses compagnes qu'elles allaient manger une négresse; et ma tarte donc, elle l'a appelée une tarte à la friture parce qu'elle était un peu trop rissolée.

JULIENNE.

Que voulez-vous? Elle est si contrariante, on ne peut avoir la paix avec elle. Mais consolez-vous, madame tout-à-l'heure l'a appelée d'un ton bien sévère, et je pense que c'est pour la gronder.

La seule chose qui m'étonne, c'est qu'on ait demandé aussi sa sœur Aline.

MADELEINE.

Ah! pour celle-ci il n'y a aucun reproche à lui faire, c'est moi qui vous le dis.

JULIENNE.

J'en suis sûre comme vous. Mais je ne sais pas trop ce que cela signifie; car votre dame et la mienne se sont enfermées d'un air de mystère avec les deux sœurs, et l'on m'a envoyé porter des raquettes aux jeunes invitées pour qu'elles s'amusent sans leurs deux compagnes. Pourquoi punir Mlle Aline, qui est douce comme une colombe?

MADELEINE.

Oh! si cette tourmentante d'Adèle a fait quelque mauvais rapport contre sa sœur, j'saurai ben la démentir, allez; car celle-ci c'est la brebis du bon Dieu.

Mais faut que je retourne à mes fourneaux, car mon ouvrage n'est pas *finite* : la collation a été faite et croquée, c'est vrai; mais mon diner donc! qui n'est pas fait, et ces jeunes filles ça mange, ça mange!... Ah! cette fois j'pourrai p't'être m'en tirer avec honneur, si notre vrai lutin reste toujours enfermé.

JULIENNE.

Pour moi je vais raccommoder des collerettes et des manchettes qu'elle a trouvé le moyen de faire déchirer encore à ses compagnes.

SCÈNE III.

LES DEUX SŒURS *se tenant par le bras.*

ADÈLE.

Ne pleure donc pas comme cela, ma petite sœur, ton chagrin augmente le mien.

ALINE.

Tu m'appelles ta sœur, ma chère Adèle, hélas! nous ne le sommes plus : l'une de nous est une pauvre enfant élevée par charité, qui n'a plus ni père ni mère, ou qui n'a que de pauvres parents dont il lui faudra partager le sort sans pouvoir l'alléger.

ADÈLE.

Oh! c'est affreux cette idée là! Et comment pourrons-nous nous habituer à aimer une mère toute autre que celle que nous avons chérie jusqu'ici? Si du moins, moi, je ne lui avais causé que de la joie depuis que je suis avec elle! il me semble que j'aurais moins de regret de la quitter; mais j'ai été souvent si méchante! Ah! quand elle saura que ne suis pas sa fille, elle n'aura plus qu'à me haïr.

ALINE.

Te haïr! c'est impossible : on ne peut haïr celle qu'on a appelée longtemps son enfant.

ADÈLE.

Oui, mais lorsque cet enfant a été haïssable, comme je le suis, ainsi qu'elle me l'a dit elle-même aujourd'hui?....

ALINE.

Non, non, tu n'es pas haïssable, je connais ton cœur, moi; et si c'est moi qui reste, je saurai bien te faire aimer toujours.

ADÈLE.

Bonne petite sœur! comment ai-je pu te taquiner si souvent, et même être parfois jalouse de toi? Va, je ne serai plus la même, tu peux y compter. De ce jour je veux changer tout-à-fait de conduite. Dis-moi, comment fais-tu pour t'amuser souvent autant que moi, sans te fâcher jamais avec personne?

ALINE.

Dame! je ne sais pas..... je prends toujours mon cœur par autrui, voilà tout. Par exemple, aujourd'hui je voyais Madeleine très-affairée pour confectionner sa galette et sa tarte; pour l'avancer, je lui ai proposé de peler ses pommes; cela m'a causé bien peu de peine et lui a fait plaisir. J'ai été ensuite m'amuser de meilleur cœur, et c'est toujours ce qui m'arrive quand j'ai pu obliger quelqu'un.

ADÈLE.

Pour moi, je veux sans cesse me divertir n'importe comment, sans faire attention si cela contrarie les autres : Ah ! je suis véritablement méchante, moi. Mais, je ne veux plus l'être, et l'on m'aimera peut-être comme toi : le crois-tu, ma sœur ?

ALINE.

Assurément, ma bonne Adèle ; car tu n'es pas méchante, je le sais.

ADÈLE.

Que tu es bonne de me dire cela. Tiens, convenons d'une chose : quand tu me verras portée à recommencer mes folies, mes taquineries, tu me diras : chut ! et je t'écouterai tout de suite.

ALINE.

Je te le promets.

ADÈLE.

Et l'on m'aimera comme on t'aime, je ne me fâcherai plus avec personne, et l'on ne se fâchera plus avec moi (*reprenant sa gaîté*). Ah ! nous pourrons encore être heureuses (*la prenant par le cou et l'embrassant bien fort*), n'est-ce pas, petite sœur ?

Voyons, ris donc encore, tu as l'air d'une *mater dolorosa*.

ALINE.

Hélas ! tu oublies bien vite le sujet de notre chagrin.

ADÈLE.

Bah ! nous resterons sans doute toujours dans la même situation ; car la mère de l'une de nous serait venue réclamer son enfant, si elle vivait encore.

Alors nous rivaliserons de douceur, de prévenances pour rendre heureuse la bonne mère que la nature ou le ciel nous a donnée.

ALINE.

Tu arranges tout cela au gré de ton désir ; mais, moi, je

ne puis penser sans frémir au sort qui attend l'une de nous sans doute, et je sens que je serai toujours triste maintenant.

ADÈLE.

Oh! quant à toi, tu n'as rien à craindre; si c'est moi qui suis la véritable fille de maman, je te promets de ne jamais me séparer de toi; non, non, je dirai à maman : gardez-nous toutes deux ou renvoyez-nous l'une et l'autre.

ALINE.

Bonne Adèle!.... Mais si elle te dit comme elle nous l'a fait entendre tout-à-l'heure que ses moyens ne lui permettent pas de soutenir et de doter deux enfants?....

ADÈLE.

Eh! bien, tu brodes admirablement; moi, je puis le faire comme toi, si je veux ; quand nous serons sorties de pension nous travaillerons pour nous soutenir l'une l'autre, cela te convient-il, bonne petite sœur?

ALINE.

Sois sûre que tout ce qui ne me séparera pas de toi et de notre bonne mère me rendra heureuse.

(*On entend une voix du jardin*).

Aline, Adèle, est-ce que vous n'allez pas bientôt venir avec nous?

ADÈLE.

Si, si, entrez, mes bonnes amies. (*A part.*) Aline, surtout si tu me vois recommencer mes taquineries, n'oublie pas tes chut! chut!

ALINE.

Sois tranquille, va : je veux que chacun t'aime comme je le fais.

SCÈNE IV.

Les Mêmes et leurs Compagnes.

ÉLÉONORE.

Ah! que j'ai chaud d'avoir tant joué?

ADÈLE.

Bah! si je te proposais une partie de barres, je suis sûre que tu courrais bien encore..... Je te connais.

ALINE.

Chut!....

ADÈLE *(qui l'a entendue).*

Au surplus, si tu veux te reposer tu en es bien la maîtresse, tiens voici des chaises.

ZÉLIE.

Quoi! nous allons nous asseoir comme un jour de classe.

JOSÉPHINE.

Plutôt que de nous promener dans le jardin, ce sera joliment ennuyeux.

SOPHIE.

Pour moi, je suis comme Éléonore, j'ai tant joué que j'en ai mal à la tête. Croiriez-vous que nous avons fait nous deux des parties de plus de cent coups.

ZÉLIE.

Je le crois bien, leur volant faisait si bien la rose.

ALINE.

Le vôtre n'était donc pas bon? Oh! bien, tantôt il faudra changer.

ADÈLE.

Laisse donc, ma sœur : ne connais-tu pas le proverbe : *les mauvais ouvriers n'ont jamais.....*

ALINE.

Chut! Adèle.

ADÈLE *(toujours se radoucissant).*

Voyons, mes amies, voulez-vous jouer à un jeu qui vous amuse davantage, et qui ne vous fatigue pas?

JOSÉPHINE.

A quoi? à quoi?

ADÈLE.

Cherchez, cherchez, nous deux ma sœur, nous sommes prêtes à souscrire au vôtre.

ZÉLIE (à part).

Dis donc, Joséphine, reconnais-tu Adèle aujourd'hui? Elle qui veut toujours faire sa maîtresse, elle est d'une prévenance!....

JOSÉPHINE (de même).

C'est qu'elle veut faire les honneurs de sa maison.

ADÈLE.

Eh! bien, vous ne trouvez donc pas de jeu qui vous convienne, mes amies?

ZÉLIE.

Si, si : à pigeon vole.

ÉLÉONORE.

Laisse donc, c'est un jeu de toutes petites filles.

JOSÉPHINE.

A la main chaude?....

SOPHIE.

C'est la même chose. Tenez, voulez-vous jouer aux homonymes?

ZÉLIE.

Oh! cela a l'air d'être bien savant, je n'en suis pas.

ÉLÉONORE.

Eh! bien, à J'aime mon ami par *a*.

LES AUTRES.

C'est cela, c'est cela.

ADÈLE.

Alors, commençons. Parle la première, Éléonore, tu es, je crois, la plus âgée.

ÉLÉONORE.

Tu ne veux donc pas commencer, toi? Tu sais pourtant qu'ordinairement c'est toujours ton tour.

ALINE.

Ma sœur sait vivre, mesdemoiselles; puisque nous avons le plaisir de vous recevoir, elle ne voudrait pas.....

ADÈLE.

D'ailleurs, mes bonnes amies, j'ai résolu de n'être plus la même, vous verrez, vous verrez.....

LES AUTRES.

Ah! tant mieux?

ADÈLE (bas).

Vois-tu, Aline?

ÉLÉONORE.

Eh! bien, Adèle, nous t'en aimerons davantage.
La chose étant décidée, je commence.
J'aime mon ami par *a* parce qu'il est aimable, je le hais parce qu'il est ambitieux; je l'appelle Antoine.

ADÈLE.

Tu aurais pu lui donner un autre nom que celui-là. Antoine! c'est comme notre jardinier; n'y-a-t-il pas des Adolphe, des Auguste, et des......

ALINE.

Chut! Adèle.

ÉLÉONORE.

Je le nomme Antoine, chacun son goût; je le nourris d'artichauts, et je l'envoie en Allemagne.

JOSÉPHINE.

A moi : j'aime mon ami par *a* parce qu'il est affable, je le hais parce qu'il est haïssable.

ADÈLE.

Ah! ah! il est affable et haïssable tout à la fois; et puis, haïssable qui commence par un *a*! Ah! ah!

ALINE.

Chut! Adèle : tu peux lui faire donner un gage sans rire d'elle.

JOSÉPHINE.

Oh! moi, je ne continue pas; je n'aime pas un jeu qui apprête à rire à mes dépens.

ADÈLE (devenant conciliante).

Je pourrais te promettre de ne plus rire; mais faisons mieux : tenez, nous allons inscrire le nom de plusieurs jeux sur de petits papiers et nous les tirerons au sort.

(*Elle tire un petit calepin de sa poche, en coupe des papiers et écrit avec un crayon.*)

LES AUTRES.

C'est cela, c'est cela.

ADÈLE.

Voyons, parlez?

ÉLÉONORE.

Jouons à placer le mot.

SOPHIE.

Aux coq-à-l'âne.

JOSÉPHINE.

Au furet.

ALINE.

Au propos interrompu.

ZÉLIE.

Au colin-maillard.

ALINE.

Mais, dans quoi mettrons-nous cela? Ah! dans le petit panier de maman.

ADÈLE (en le recevant).

Pauvre petit panier, va, comme j'ai été méchante avec toi ce matin! Prenons garde de l'abîmer encore. Quelle est la plus jeune, voyons.....

JOSÉPHINE.

C'est-moi. (*Elle tire.*) Au colin-maillard!

ADÈLE.

Maintenant, pour qu'il n'y ait point de dispute, tirons au

doigt mouillé à qui aura les yeux bandés, présente le doigt mouillé, Aline?

(*Aline présente sa main.*)

ADÈLE.

C'est moi. Mettons les chaises les unes sur les autres pour qu'il y ait plus de place. A présent un mouchoir? un mouchoir?

ALINE (*en présentant un à sa sœur*).

Tiens, le mien est bien propre. (*Adèle mettant ses deux pouces sous le mouchoir.*)

LES AUTRES.

Tu triches, Adèle, ce n'est pas de jeu.

(*Adèle continue de mettre le mouchoir ou trop haut ou trop bas.*)

LES AUTRES.

Encore! Ah! nous ne jouerons pas avec toi.

ALINE (*bas à sa sœur*).

Chut! Adèle, tu serais cause encore d'une dispute.

ADÈLE.

C'est vrai. Allons, serre bien, et prenez garde, Mesdemoiselles.

SCÈNE V.

LES MÊMES, JULIENNE *rapportant les collerettes*, ADÈLE. *qui a les bras ouverts, la saisit.*

ALINE (*aux autres*).

Chut! chut!

ADÈLE (*se retournant de son côté*).

Qu'ai-je donc fait de mal, ma sœur?

ALINE.

Rien, rien, devine.

ADÈLE.

Eléonore?

LES AUTRES.

Non.

ADÈLE.

Sophie ?

LES AUTRES.

Non.

ADÈLE.

Joséphine, Zélie, Aline?

LES AUTRES.

Non, non, non.

ADÈLE.

Ah! ça, je vous ai nommées toutes! (*Otant son mouchoir.*)
Oh! c'est Julienne.

JULIENNE.

Je me suis prêtée à votre jeu, mesdemoiselles; mais j'espère que vous n'allez pas le continuer.

ADÈLE (*vivement*).

Pourquoi donc? Etes-vous la maîtresse de diriger nos jeux?

ALINE.

Chut! Adèle!....

ADÈLE (*plus doucement*).

Eh! bien, Julienne, pourquoi cela?

JULIENNE.

Parce que cette pièce est celle où votre maman aime à se tenir quand elle descend de chez elle; que tantôt en jouant aux charades vous l'aviez mise sens dessus-dessous, et qu'il ne faudrait pas recommencer avec ce nouveau jeu, qui va faire de la poussière partout. Tenez, voyez les chaises comme elles sont déjà bien rangées!

ADÈLE.

C'est différent. Alors nous allons remettre tout en place. (*Elle arrange les chaises.*)
Mais ne pouvons-nous pas jouer au colin-maillard assis? cela ne fait pas de poussière?

JULIENNE.

A la bonne heure. Ah! Mlle Adèle, quand vous serez toujours aussi raisonnable que ça, je serai bien loin de vous contredire. (*A part.*) Est-elle douce tantôt! est-elle douce!

ADÈLE.

Tenez, Julienne, vous êtes une bien bonne fille, et je suis fâchée d'avoir été malhonnête avec vous quand vous m'avez recoiffée ce matin. Embrassez-moi, et ne pensez plus à rien.

JULIENNE.

Très-volontiers, mademoiselle. Je suis charmée que vous ne me considériez plus comme un cheval.

ADÈLE (*vivement*).

Ah! vous voulez me faire des reproches!....

ALINE.

Chut! chut!

ADÈLE (*doucement*).

Au fait, je l'ai mérité. Allons, Julienne, plus de bouderies, je vous promets de ne plus recommencer.

JULIENNE.

Pardon, pardon, mademoiselle; c'est moi qui ai eu tort de vous rappeler.... croyez qu'à mon tour je ne le ferai plus, vous êtes trop aimable!...

ALINE (*bas*).

Bien, bien, Adèle! Tu vois qu'on n'attrape pas les mouches avec du vinaigre. (*Haut.*) Mesdemoiselles, le jeu de colin-maillard assis, qui veut l'être?

ADÈLE.

C'était moi qui l'étais.

ALINE.

Chut! Adèle! Cède-leur, je t'en prie.

JULIENNE.

Tenez, Mesdemoiselles, reprenez auparavant vos manches et vos collerettes.

PLUSIEURS *(qui n'en avaient plus.)*

Merci, merci.

ADÈLE.

Ah! que vous avez été bonne de réparer ainsi tous mes méfaits ; allez, à présent, je ne veux plus jouer si brusquement! Voyons, c'est Sophie qui est la plus grande, nous lui mettrons le mouchoir, n'est-ce pas Zélie.

ZÉLIE.

Comme tu voudras.

ADÈLE *(met le mouchoir à Sophie.*

SOPHIE.

C'est trop serré, tu m'étouffes! tu m'étouffes!...

ALINE.

Fais donc attention, ma sœur?

ADÈLE.

Maudite vivacité! va. (*Desserrant le mouchoir.*) Est-ce bien maintenant ?

SOPHIE.

Oui, oui. Commençons... qui me conduit?

ADÈLE.

Moi, moi.

SOPHIE.

J'aimerais mieux que ce fût Aline ; mais si tu me promets de le faire doucement.

ADÈLE.

Tu verras, tu verras. (*Elle la conduit effectivement doucement de place en place.*)

SOPHIE *(à chacune dit)*.

Je ne sais.

JULIENNE.

Mais voyez donc, mademoiselle Adèle joue à présent comme une personne raisonnable.

ADÈLE *(riant)*.

Si toutefois les personnes raisonnables jouent au colin-maillard ; mais croyez-le, Julienne, c'est moi-même que je veux désormais conduire aussi raisonnablement que je conduis Sophie.

SOPHIE *(sur Eléonore).*

Eléonore ! Eléonore !

LES AUTRES.

C'est cela. Ote ton bandeau.

ZÉLIE.

A ton tour, Eléonore?

ÉLÉONORE.

Je ne demande pas mieux ; mais je meurs de chaleur.

SOPHIE.

Et moi donc ! tenez, le bandeau est tout mouillé.

ALINE.

Voulez-vous vous rafraîchir, mes bonnes amies?

ADÈLE.

Que nous sommes étourdies, ma sœur et moi, de n'avoir pas songé à vous le proposer.

ÉLÉONORE.

Mais, ce n'est pas de refus.

JULIENNE.

Je cours chercher des verres. *(Elle sort.)*

ZÉLIE *(à Aline).*

Dis-nous donc, Aline, pourquoi depuis que nous sommes rentrées, as-tu fait tant de chut ! chut ! à ta sœur?

ALINE.

C'est grâce à une convention faite entre nous.

ZÉLIE.

Drôle de convention ! C'est donc une gageure.

ADÈLE.

Non, les gageures ne sont jamais raisonnables ; au lieu que c'est par raison que nous faisons cela.

LES AUTRES *(riant)*.

Drôle de raison !

ADÈLE.

Voilà. Vous savez comme je suis souvent extravagante, eh bien ! je ne veux plus l'être.

Ma sœur, mon doux mentor, est convenue de m'avertir quand je serai prête à m'emporter.

Comme ces joueurs de marionnettes qui disent : *ma femme, tire la ficelle ;* elle, par ses chut ! chut ! me dit : *ma sœur, retiens ta ficelle.*

LES DEUX PLUS JEUNES *rient*.

Ah ! la drôle d'imagination !

ÉLÉONORE.

Mais pas drôle du tout ! je trouve qu'Adèle a pris un excellent moyen pour réprimer la vivacité de son caractère.

SOPHIE.

C'est pour cela qu'elle a joué si gentiment et si paisiblement avec nous, et qu'il n'y a eu tout-à-l'heure ni déchirure ni querelle.

ADÈLE.

Eh bien ! puisque vous m'approuvez, mes bonnes amies, je vous engage à me faire aussi des chut ! chut ! pour me retenir, car je suis absolument décidée à me corriger.

SCÈNE VI.

LES MÊMES, MADELEINE *apportant une bouteille et une carafe et* JULIENNE, *des verres.*

MADELEINE.

Tenez, mesdemoiselles, v'là de quoi vous rafraîchir, puisqu'il paraît que les enfants ne peuvent pas rester un quart d'heure sans boire ni manger.

ADÈLE *(commençant à s'emporter)*.

Enfants ! enfant toi-même, Madeleine !....

TOUTES LES AUTRES.

Chut! chut!

MADELEINE.

Allons, en v'là une qui m'appelle enfant à présent! voyez-vous, Julienne, je ne suis pas si vieille.

ADÈLE.

C'est que tu n'es pas plus polie qu'une enfant mal élevée, vois-tu!

ALINE.

Chut! Adèle, laisse-moi parler. Ecoute, ma bonne, ces demoiselles ont soif, est-ce bien à toi d'avoir l'air de leur reprocher les rafraîchissements que nous avons demandés pour elles?

MADELEINE *(embarrassée)*.

C'est que j'ai été obligée de quitter mon rôti et d'interrompre ma crème pour descendre à la cave. Pardon, excuse, mesdemoiselles. *(Pendant le petit dialogue qui suit, Aline, aidée de Julienne, donne à boire à ses compagnes.)*

ADÈLE.

Quoi! tu nous fais une crème, Madeleine : oh! que tu es bonne!

MADELEINE *(reprenant sa mauvaise humeur)*.

Oui, mademoiselle, on vous a fait une crème, et elle n'aura pas la figure d'une négresse, celle-là, et elle ne sentira pas la friture, parce que vous ne serez pas là pour me faire tout manquer.

ADÈLE.

Allons, pardonne-moi à ton tour : je te promets de ne plus recommencer à t'impatienter.

MADELEINE.

Est-ce la vérité vraie?

ADÈLE.

Je te l'assure, ma bonne.

MADELEINE.

Par ainsi, j'vas faire une croix à la cheminée. (*Elle s'en va.*)

ÉLÉONORE *(achevant de boire)*

Ah! j': j'avais chaud et soif!

JULIENNE.

Mais, mesdemoiselles, pourquoi restez-vous ainsi enfermées? il n'y a plus de soleil sur la pelouse du jardin, tenez, venez voir; vous y serez bien mieux pour vous amuser.

ADÈLE.

Julienne a raison, allons sur la pelouse.

TOUTES *(en sortant)*.

Sur la pelouse! sur la pelouse!

ACTE TROISIÈME.

SCÈNE PREMIÈRE.

MESDAMES MIRCOURT ET SÉVANNE.

Mme MIRCOURT.

Enfin Julienne reconduit cette folâtre jeunesse à la pension; nous allons rentrer dans notre calme habituel, ma sœur.

Mme SÉVANNE.

N'en profite pas au moins pour te tourmenter et t'affliger de nouveau.

Mme MIRCOURT.

Comment veux-tu qu'il en soit autrement dans ma position? avoir deux filles dont l'une n'est pas la mienne; craindre de perdre continuellement celle qui ferait le charme de ma vie : ah! cette appréhension est affreuse!...

Mme SÉVANNE.

As-tu remarqué néanmoins comme la communication que nous avons faite aux enfants, paraît avoir été profitable à Adèle ?

Mme MIRCOURT.

En effet, au dîner elle a été beaucoup plus calme que de coutume, elle n'a taquiné ni Julienne, ni Madeleine, ni sa sœur.

Cependant il a fallu encore qu'en servant à boire à ses compagnes elle répandît du vin sur la nappe.

Mme SÉVANNE.

Ce n'est qu'une maladresse cela, et qu'on peut mettre encore sur le compte de son empressement à recevoir ses compagnes.

Mme MIRCOURT.

Oui, mais quand je l'en ai reprise, n'était-elle pas prête à s'emporter? Sans Aline, qui lui faisait des signes pour la calmer, je crois qu'elle se serait émancipée jusqu'à me mal répondre.

Mme SÉVANNE.

Elle t'aime bien pourtant ; as-tu vu comme elle était affectueuse, caressante en te quittant? Pour moi j'en avais les larmes aux yeux en la considérant.

Mme MIRCOURT.

Son cœur, sans doute, n'est pas mauvais ; mais son caractère, son caractère est terrible. Qu'on essaye, qu'elle essaye elle-même de le calmer, il revient bientôt au galop.

(*On entend sonner à plusieurs reprises.*)

Mais qui peut venir? on sonne à la porte du jardin et avec quel empressement?

Mme SÉVANNE.

Serait-il arrivé quelque chose à nos jeunes filles?

Mme MIRCOURT.

Tu m'effrayes! Aline se serait-elle trouvée malade? Elle

m'a semblé plus pâle que de coutume à table. Tiens, notre communication lui aura fait du mal.

SCÈNE II.

Les Mêmes, MADELEINE accourant.

Madame, madame, Mlle Aline et Mlle Adèle qui reviennent avec une pauvre femme aveugle.

(*Les deux jeunes filles entrent soutenant la pauvre femme*).

ADÈLE.

Appuyez-vous sur moi, ma pauvre chère dame.

ALINE.

Bon courage! Nous voici arrivées. Tenez, asseyez-vous.

L'AVEUGLE.

Merci, mes bonnes demoiselles. Ah! sans vous je crois que je serais morte de fatigue et de besoin sur la route.

ALINE.

Maman, en longeant le bois qui est au bout du village, nous avons vu cette pauvre femme étendue sur l'herbe; elle se trouvait mal de besoin. Alors nous avons dit à Julienne que nous allions vous l'amener; car il était trop tard pour qu'elle revînt sur ses pas, elle eût trouvé l'institution fermée.

ADÈLE.

De cette façon nous allons coucher sous le toit maternel : Oh! la bonne rencontre que nous avons faite!....

L'AVEUGLE.

Hélas! que je suis fatiguée! quand on n'a plus ses yeux pour se conduire, on fait tant de chemin inutile!

Mme MIRCOURT.

Madeleine, allez lui chercher quelque chose à l'office.

ALINE.

Maman, je crois que c'est inutile; car Adèle a eu la bonne

idée de lui donner toutes les petites provisions que tu nous avais fait emporter.

ADÈLE.

C'était plaisir de les lui voir manger : avait-elle faim !

L'AVEUGLE.

Il y a bien longtemps que je n'avais fait un aussi bon repas.

ALINE.

Ma bonne, si tu voulais lui donner à boire, je crois qu'elle en aurait besoin.

L'AVEUGLE.

Ah ! oui. J'ai eu beau tâter aux arbres du bois, je n'ai pu trouver que de malheureuses épines, et pas seulement une mûre sauvage pour me désaltérer.

On est si malheureuse quand on n'y voit pas clair !

MADELEINE *(lui donnant un verre, du vin resté dans la pièce).*

Tenez, ma bonne femme.

L'AVEUGLE.

Que je vous remercie ! Et vous, mes deux petits anges qui m'avez ramassée, que le ciel vous bénisse !....

Mme SÉVANNE.

Mais comment, ma chère, avec votre infirmité vous trouvez-vous seule à voyager?

L'AVEUGLE.

Sachant mon fils qui est matelot, arrivé au Hâvre, j'ai voulu aller le voir; aller le voir! mon Dieu! cela ne m'est plus possible qu'avec les yeux du cœur, hélas! après huit jours de bonheur, car je l'entendais du moins ce cher fils, je me suis remise en route pour rejoindre mes autres enfants. Grâce à la diligence et à une route bien fréquentée, je serais arrivée sans encombre à ma chaumière; mais j'avais une commission à faire dans ce village que vos filles viennent de me nommer; pour y parvenir il fallait traverser le bois voisin, et c'est là que je me suis perdue.

Mme MIRCOURT.

Eh bien! ma bonne dame, quand vous vous serez bien reposée et bien restaurée, je vous ferai conduire chez la personne que vous venez trouver.

MADELEINE.

Oui, je connais presque tout le monde ici, nommez-la moi, je vous y conduirai?

L'AVEUGLE.

Mme Mircourt.

Mme MIRCOURT.

Quoi, c'est moi que me veut-elle! (*A part à sa sœur.*) Ah! je tremble!.... peut-être est-ce la mère.....

Mme SÉVANNE.

Vous êtes ici chez Mme Mirecourt, que lui voulez-vous?

L'AVEUGLE.

Je veux lui remettre la lettre d'une femme qui était sur le même vaisseau que mon fils.

Mme MIRCOURT (*avec emotion*).

Quelle est cette femme?

L'AVEUGLE.

Elle n'existe plus, Dieu merci! car elle était bien malheureuse! Elle avait suivi son mari, matelot comme mon fils, à bord du *Cachalot;* cet homme est mort, et elle revenait dans sa patrie où elle allait se trouver sans asile; car un incendie avait dévoré sa chaumière, il y a dix à onze ans.

Mme MIRCOURT.

Un incendie! Ah! ciel! Je vais donc connaître mon sort.

ALINE.

Et nous, et nous, ma sœur!....

ADÈLE.

Ah! je tremble comme toi!....

Mme SÉVANNE.

Comment s'appelait cette femme?

L'AVEUGLE.

La mère Paul.

Mme MIRCOURT.

C'est cela, c'est cela. Le mystère d'où dépend le bonheur ou le malheur de ma vie, va enfin m'être révélé.

Mme SÉVANNE *(à l'aveugle)*.

Ma bonne dame, vous paraissez épuisée de fatigue, voulez-vous qu'on vous conduise sur un lit pour vous reposer ?

L'AVEUGLE.

Volontiers, madame, je n'en puis plus..... d'ailleurs, puisque je suis aveugle, puisque je ne puis voir les deux anges qui m'ont rendue à la vie, que puis-je mieux faire que de dormir?

MADELEINE *(à part)*.

Les deux anges! Oh! l'on voit bien qu'elle n'y voit pas clair!... *(elle emmène l'aveugle)*.

SCÈNE III.

LES DEUX DAMES ET LES DEUX JEUNES FILLES.

Mme MIRCOURT.

Je tremble.... je n'ose ouvrir cette lettre.

Mme SÉVANNE.

Calme-toi, ma sœur; une de tes grandes appréhensions t'est déjà ôtée : puisque les parents de l'enfant qui n'est pas à toi sont morts, assurément ils ne te la redemanderont pas.

Mme MIRCOURT.

A la vérité..... mais quelle est ma fille, ma véritable fille?

ADÈLE.

Maman, nous vous aimons tant toutes deux, que vous importe?

Mme MIRCOURT.

Ma fille, il m'importe beaucoup de savoir si mon enfant fera le bonheur ou le tourment de ma vie.....

ADÈLE *(à part)*.

Hélas! par ce dernier mot, maman veut parler de moi!....

Mme SÉVANNE.

Voyons, ma sœur, du courage! et lis cette lettre.

Mme MIRCOURT.

Je n'ose....je ne saurais.... *(la lui donnant)*; tiens, lis toi-même.

Mme SÉVANNE *(regardant la signature)*.

C'est l'aumônier du navire qui a écrit cela.

MADAME.

« La pauvre femme que j'assiste à ses derniers moments,
« ne saurait paraître avec calme devant Dieu, sans réparer
« autant qu'elle le peut le chagrin, qu'involontairement
« d'abord, et qu'ensuite elle vous a sciemment causé.

« Elle revenait du Hâvre faire ses adieux à son mari qui
« allait s'embarquer, lorsqu'elle vit sa cabane en flammes.
« S'imaginant que ses deux nourrissons avaient péri, elle
« entra dans un si grand désespoir, que sans information
« aucune, elle quitta le lieu du sinistre, pour aller rejoindre
« son époux. A l'un des retours du marin, tous deux ap-
« prirent que les deux enfants avaient été sauvés, que vous
« les éleviez avec les plus tendres soins maternels.

Mme MIRCOURT.

Oh! oui, alors, je les aimais autant l'une que l'autre : elles étaient toutes deux si aimables.

ADÈLE.

Maman, chère maman, je veux le devenir, je vous l'assure.

ALINE.

Oui, bonne mère, ma sœur fait tout ce qu'elle peut pour cela.

Mme SÉVANNE *(continuant)*.

« Alors le désir de procurer un sort heureux à leur fille,

« fit garder l'incognito à ces pauvres gens, et voilà la faute,
« l'extrême faute, que la nourrice de votre fille se reproche,
« et qu'elle vous prie en grâce de lui pardonner. »

Mme MIRCOURT.

Ah! je la lui pardonne; mais que ce mystère m'a fait de mal!

SCÈNE VI.

MADELEINE *(rentrant)*.

Elle repose. Eh bien! chère maîtresse, êtes-vous satisfaite? Savez-vous enfin qui est votre fille?

Mme MIRCOURT.

Hélas! non, cette lettre ne m'apprend rien de nouveau.

Mme SÉVANNE.

Attends, il y a un *post-scriptum*.
« Vous avez sans doute le désir bien naturel de savoir
« qui est votre enfant; la nourrice peut vous éclairer à cet
« égard; mais elle vous prie à genoux de jeter un regard
« de commisération sur sa propre fille. »

(Les deux enfants se jetant aux pieds de Mme Mircourt).

Maman, aimez-nous, gardez-nous toutes deux.

MADELEINE *(portant son tablier à ses yeux)*.

Ces pauvres enfants! ça m' fend l' cœur de les voir ainsi!....

Mme SÉVANNE *(continuant)*.

« Votre fille a un signe très-marqué au bras gauche. »

Mme MIRCOURT *(levant avec précipitation la manche du bras gauche d'Aline, s'écrie:)*

Celle-ci n'est pas ma fille! *(Elle s'évanouit)*.

(Les deux enfants se relèvent avec épouvante).

ALINE.

Maman se trouve mal!

ADÈLE.

Maman se meurt. Malheureuse que je suis! c'est moi qui la tue!....

Mme SÉVANNE.

Ne vous effrayez pas, mes bonnes amies; cela ne sera rien : elle n'est qu'évanouie.

MADELEINE.

Des sels! du vinaigre! (*Elle rentre bientôt avec des flacons.*)

NOTA. — Pendant son absence Mme Sévanne semble desserrer la robe de sa sœur, Aline lui met de l'eau sur la figure. Pour Adèle, elle se jette sur une chaise, la tête dans ses mains, en donnant des signes du plus profond désespoir, après avoir dit à Mme Sévanne qui lui répétait: Calme-toi, Adèle. O ma tante! ce qui la rend malade ainsi, c'est que je suis sa fille.

Mme SÉVANNE.

Ah! voilà les couleurs qui semblent lui revenir.

MADELEINE.

Madame, ma bonne dame, ouvrez les yeux.

ALINE (*lui pressant la main*).

Maman, regardez-nous, vous avez deux enfants qui vous aiment, qui donneraient leur vie pour vous.

Mme MIRCOURT (*revenant à elle*).

Pauvre Aline, tu n'es pas ma fille.

ALINE.

Ah! croyez que j'en aurai toujours la tendresse.

ADÈLE (*se levant*).

Elle a parlé. Je vous rends grâce, ô ciel! (*retombant dans sa tristesse*), mais ses premières paroles sont des paroles de regret.

Mme MIRCOURT.

Approche-toi, Adèle : (*voulant lever sa manche*), voyons si tu as, en effet, un signe au bras gauche?

ADÈLE.

Je l'ai, je l'ai, maman; mais que ne puis-je le donner à Aline.... c'est elle, elle seule que vous aimez.

Mme MIRCOURT *(la pressant dans ses bras).*

Eh! si, ma fille, je t'aime, ce sont tes défauts seuls que je n'aime pas.

ALINE.

O maman! elle veut tout faire pour s'en guérir.

Mme MIRCOURT *(à Adèle).*

Est-ce vrai, ma fille ?

ADÈLE.

Oui, bonne mère, ma sœur peut vous dire que je l'ai priée de m'avertir lorsque j'y retomberais.

ALINE.

O maman! cela est bien vrai.

MADELEINE.

La chose est si véritable qu'elle m'a promis de ne plus me tourmenter. A c'te chose je ne croyais guère ; mais j'y crois maintenant : la pauvre enfant a eu trop de chagrin de votre douleur, pour vous en causer encore.

Mme SÉVANNE.

Julienne m'a conté aussi que ma nièce a été charmante avec elle, avec sa sœur, avec toutes ses compagnes.

ADÈLE.

Je veux ressembler à ma sœur.

ALINE *(tristement).*

Sa sœur! sa sœur! je ne la suis plus.

ADÈLE *(continuant).*

Je veux être bonne, aimable avec tout le monde pour que chacun me chérisse ; et vous, maman, par dessus tous.

Mme MIRCOURT *(ravie, l'embrassant).*

Eh! bien, ma fille, tu seras mon enfant, mon enfant bien-aimée.

ADÈLE.

Oui, oui, maman ; mais il faut qu'Aline le soit toujours. Elle ne nous quittera jamais.

####### Mme MIRCOURT (*prenant la main d'Aline*).

Je la chérirai sans cesse, cette aimable enfant ; mais, hélas ! je ne suis pas assez riche pour vous doter toutes deux ; il faudra qu'un jour elle nous quitte pour apprendre un état.

####### ADÈLE.

Maman, nous travaillerons ensemble, et ma fortune sera la sienne.

####### Mme SÉVANNE.

Bien, bien, ma nièce, je t'attendais là, et je puis trancher toute difficulté. Je n'ai pas d'autre famille que vous, moi ; je suis riche, j'ai deux nièces et ma sœur a deux enfants.

####### Mme MIRCOURT.

O ma sœur ! que je te remercie (*d'un air gai*) : Ainsi donc j'ai deux enfants que j'aimerai également, car toutes deux seront également aimables.

####### ADÈLE.

Oui, maman.

Suite si l'on veut finir plus gaîment.

(*On sonne, Madeleine qui va ouvrir dit :*)
Qui peut nous déranger si tard ?

SCÈNE V.

Les Mêmes, JULIENNE et les quatre Pensionnaires.

####### JULIENNE.

Mesdames, voilà toute la bande joyeuse qui revient.

####### Mme MIRCOURT.

Comment cela se fait-il ?

####### JULIENNE.

Comme nous avons passé quelques instant auprès de la

pauvre aveugle que ces demoiselles ont ramenée, et que mademoiselle Zélie ne pouvait marcher vite,

ZÉLIE (à Adèle, gaîment).

Oui, *heureusement* j'ai mal aux pieds.

JULIENNE (continuant).

Nous n'avons pu arriver assez vite,

JOSÉPHINE.

Et *heureusement*, nous avons trouvé la porte du pensionnat fermée.

SOPHIE.

Oui, dans la maison tout le monde se lève et se couche avec les poules, de façon que passé neuf heures, il n'y a plus entrée pour personne.

ÉLÉONORE.

Nous venons, donc, madame, vous demander asile, et nous vous savons si bonne, que nous sommes persuadées que vous ne nous congédierez pas.

Mme MIRCOURT.

Vous êtes si polies et si aimables, mes belles demoiselles, que c'est un vrai plaisir à nous de vous recevoir de nouveau.

MADELEINE.

Heureusement qu' nous avons beaucoup de matelas, et qu'en dédoublant les lits il sera possible de vous coucher toutes.

ZÉLIE.

Ainsi nous allons prolonger notre plaisir d'être avec vous : c'est joliment heureux ça.

ADÈLE (à Aline).

Ma sœur, nous coucherons ensemble ; car il est doux de ne nous quitter jamais.

Mme SÉVANNE.

Voilà une journée passablement orageuse, mais qui se termine on ne peut mieux.

ALINE *lui dit à part.*

Grâce à vous, bonne tante, mais croyez que vous n'aurez pas affaire à une ingrate.

ÉLÉONORE (*à M*^me *Sévanne*).

Mais, madame, vous parlez d'une journée orageuse, que nous avons trouvée délicieuse, nous : qu'est-il donc arrivé, s'il vous plaît ?

Mme SÉVANNE.

Un petit accident : ma sœur s'est trouvée mal.

SOPHIE.

O ciel ! et pourquoi ?

JOSÉPHINE (*à part, aux autres*).

C'est cela, on sent le vinaigre.

ADÈLE (*répondant à Sophie*).

C'est la suite de mon mauvais caractère, mais je suis tout-à-fait décidée à m'en corriger.

ÉLÉONORE.

Sois tranquille, va, nous n'oublierons pas les chut ! chut !

Mme MIRCOURT.

Qu'est-ce que cela veut dire ?

SOPHIE.

Qu'Adèle qui désire absolument devenir aussi aimable qu'Aline, nous a priées, comme sa sœur le fait, de l'avertir aussitôt que la vivacité de son caractère l'entraînerait à quelque faute.

MADELEINE.

C'est bien imaginé, cela ! Moi, quand je vois que mon feu est trop ardent, qu'il va brûler mon ragoût, j' mets d' la cendre dessus, et aucun mal ne m'arrive.

Mme MIRCOURT (*prenant la main de sa fille*).

C'est bien, mon Adèle : quiconque connaît et déplore ses défauts, sait bientôt les faire disparaître.

LA FILLE INCONNUE.

ADÈLE *chante.*

Air : *Du Rocher de Saint-Malo.*

ADÈLE *continuant ce 1er couplet.*
Et je veux le faire
Pour plaire à ma mère:
Au Seigneur j'aurai recours;
Il prête secours.
Oui, je veux le faire
Pour plaire à ma mère:
Au Seigneur j'aurai recours;
Il prête secours,
Toujours, toujours.

Deuxième couplet.

Nous voyons le statuaire,
Pour former un beau tableau,
Se modeler pour bien faire,
Sur le type le plus beau.

ADÈLE.

Ma sœur, je veux l'imiter,
Toi, qu'on ne peut trop vanter.
Oui, je veux le faire, etc.

Mme LOECOURT OU Mme SÉVANNE.
Troisième couplet.
Les vertus des jeunes filles
Peuvent faire leur bonheur;
Leurs défauts, de leurs familles
Causent souvent la douleur.

ADÈLE ET ALINE.
Ah! n'en contractons jamais,
Soyons des anges de paix.
Que ne peut-on faire
Pour plaire à sa mère?
Au Seigneur ayons recours;
Il prête secours.

TOUTES.
Que ne peut-on faire
Pour plaire à sa mère?
Au Seigneur ayons recours;
Il prête secours,
Toujours, toujours

LES
JEUNES FILLES CORRIGÉES

LES
Jeunes Filles Corrigées

DRAME EN 3 ACTES

AVEC COUPLETS ET MUSIQUE

PAR

MME MANCEAU
Maîtresse de Pension à Paris

PARIS
VICTOR SARLIT ET Cie, LIBRAIRES-ÉDITEURS
Rue de Tournon, 19

LES JEUNES FILLES CORRIGÉES.

Pièce en trois actes.

PERSONNAGES.

VIRGINIE, 13 ans,
CLAIRE, 12 ans,
NINETTE, 9 ans,
CHARLOTTE, 8 ans,
} sœurs.

Mme DERMILLY, leur mère.
Mlle DUVAL, leur institutrice.
GERTRUDE, leur vieille bonne.
ELISA, 12 à 13 ans, sous le nom de Louison, leur cousine.
ADÈLE, 11 à 12 ans, sous celui de Jacqueline,   id.

LES JEUNES FILLES CORRIGÉES

ACTE PREMIER.

SCÈNE PREMIÈRE.

VIRGINIE ET CLAIRE *devant une table prêtes à écrire.*

CLAIRE.

Comment se fait-il, ma sœur, que nous ayons attendu jusqu'à ce jour pour écrire à maman : assurément nos lettres n'arriveront pas juste pour le jour de sa fête; car c'est demain ?

VIRGINIE.

Puisque je suis l'aînée, c'est moi qui suis la plus coupable; aussi je vais le lui marquer; afin qu'elle ne t'en veuille pas, non plus qu'à nos jeunes sœurs.

CLAIRE.

Mais dis-lui au moins, pour t'excuser, que l'ardeur que tu mets à tes études à présent, et le charmant dessin que tu as fait pour son bouquet t'ont tellement occupée, qu'ils t'ont empêchée de regarder sur l'almanach.

La broderie que je tenais tant à finir pour la lui envoyer, m'a si fort préoccupée moi-même, que je n'ai pas songé à voir à quel jour du mois nous en étions; je savais seulement que la Sainte-Eugénie se célébrait le 16 septembre; mais en travaillant avec ardeur le temps passe si vite, que je croyais encore être au commencement du mois, quand précisément nous arrivions au milieu. Mademoiselle Duval ou notre bonne Gertrude aurait bien dû nous avertir.

VIRGINIE.

Mademoiselle Duval, notre chère institutrice, qu'à bon droit nous appelons notre bonne amie, s'est fait une loi de nous avertir seulement de nos défauts afin que nous nous en corrigions; mais quant au bien que nous devons faire, tu sais qu'elle est convenue avec nous de nous le laisser deviner et accomplir nous-mêmes, afin de nous en laisser tout le mérite.

CLAIRE.

Au moins Gertrude aurait dû....

VIRGINIE.

La bonne femme ne sait pas lire; elle ne connaît pas les chiffres non plus : comment voulais-tu qu'elle pût nous éclairer sur une date aussi précieuse pour nous ?

Elle sait bien quand c'est dimanche parce qu'elle commence à compter ses jours du lundi; elle connaît bien les fêtes fixes de l'année; mais pour les mobiles tu sais qu'il faut que nous l'en avertissions; sans quoi elle ne saurait jamais quand c'est Pâques ni la Pentecôte.

CLAIRE (*riant*).

Te souviens-tu que l'année dernière qui était bissextile, elle nous a appelées *Sylvestre*, parce que nous nous étions levées un peu tard l'avant-veille du jour de l'an ?

Elle ne savait pas que la *Saint-Silvestre* n'arrivait que le lendemain.

VIRGINIE.

Oui, je m'en souviens, nous avons bien ri de sa méprise. Mais, ma Claire, nous causons et nous n'écrivons pas, dépêchons-nous pour que nos lettres partent du moins aujourd'hui.

(*Elles écrivent, au bout de quelques minutes Claire se lève et prend un album où elle cherche un papier*).

VIRGINIE.

Que fais tu, est-ce que provisoirement tu avais fait un

brouillon et que tu le cherches pour le mettre au net? Ah! cela s'appellerait un impromptu fait à loisir.

CLAIRE.

Non, je ne désobéis pas ainsi à mademoiselle Duval; tu sais bien qu'elle veut que nous écrivions toujours sans brouillon à papa ou à maman.

VIRGINIE.

Eh bien! que cherches-tu?

CLAIRE.

Des vers que je veux joindre à ma lettre.

VIRGINIE.

Quoi! tu as essayé de faire des vers.

CLAIRE.

Non, en vérité, à mon âge je n'ai pas cette prétention. Bon pour mademoiselle Duval de nous en faire : Oh! pourquoi ne pourrons-nous pas chanter les couplets qu'elle nous avait appris pour la fête de maman, si cette bonne mère était revenue!.... Ce que je cherche ce sont des vers que j'ai lus quelque part et qui conviennent si bien à la circonstance, que je veux les joindre à ma lettre.

VIRGINIE.

Lis-les moi?

CLAIRE.

Volontiers.

(Lisant).

Mère, de tes enfants seconde Providence,
Qui pourrait exprimer tes soins et ton amour ?
Tu sais t'occuper d'eux-mêmes avant leur naissance,
Et, sont-ils dans tes bras, tu veux la nuit, le jour,
Exempter de tout mal leur fragile existence.
Leurs ris, voilà ta joie; et leurs pleurs, tes vrais maux;
Leur beauté, ton orgueil; leur santé, ton bien-être;
Et, sans songer encore à briller, à paraître,
Tes plaisirs, tes honneurs sont près de leurs berceaux.
Quand l'éclair de leurs yeux te décèle leur âme,
Ah! combien tu jouis de les voir s'animer!
Tu crois y découvrir cette céleste flamme

De génie ou d'amour qui doit les faire aimer.
Puis, sitôt qu'un doux mot vient frapper ton oreille,
Quel concert plus touchant pourrait charmer ton cœur?
Ce mot si naturel te semble une merveille,
Comme leurs premiers pas, le comble du bonheur.
Bien coupable l'enfant sortant de ce jeune âge,
Dont les tristes penchants tendent à t'affliger ;
Qui vient anéantir l'heureux et doux mirage
Que ton cœur maternel aimait envisager !
Si cet enfant, hélas! bientôt ne se corrige,
Si la raison ne peut le rendre bon et doux ;
De l'espoir le plus cher, s'il détruit le prestige,
Le Seigneur qui te vit si souvent à genoux,
De son prompt changement demander le prodige,
Saura bien le punir dans son juste courroux.

VIRGINIE.

Ces vers peignent parfaitement toute la tendresse que maman a eue pour nous, les chagrins que nous lui avons causés, et la punition que nous endurons depuis deux ans!....

CLAIRE.

Je ferai bien de les mettre dans ma lettre, n'est-ce pas?

VIRGINIE.

Assurément : si maintenant, je n'étais guérie de ma coupable jalousie, je regretterais beaucoup de ne pouvoir les insérer dans ma propre épître.

CLAIRE.

Elle verra, par le choix que j'ai fait de cette pièce, que je comprends tout son amour, et que j'ai bien du repentir des taquineries et des colères où je me suis si souvent portée contre toi, contre mes jeunes sœurs, et, je rougis de le dire, quelquefois contre elle-même ; mais écrivons....

SCÈNE II.

Les Mêmes, NINETTE ET CHARLOTTE *entrent à petits pas tenant chacune une petite fleur.*

NINETTE.

Ne faisons pas de bruit, Lolotte, nos sœurs écrivent à maman.

CHARLOTTE.

Quand elles auront fini, elles nous feront aussi écrire quelque chose.

NINETTE.

Oh moi ! je saurai bien faire ma lettre toute seule : j'ai dans la tête tout ce que je veux dire à notre bonne mère.

CHARLOTTE.

Moi aussi, mais l'orthographe, l'orthographe de tant de mots.... Ah! je demanderai à Claire qu'elle m' les épelle, ce sera bien mieux.

NINETTE.

Et puis, Lolotte, tu feras attention à ne pas écrire trop gros, pour que ta lettre n'ait pas l'air d'une affiche.

CHARLOTTE.

Sois tranquille, va, je choisirai une plume bien fine.

NINETTE.

Mais si tu appuies comme tu le fais si souvent....

CHARLOTTE.

Ecoute donc, je n'écris pas tous les jours à maman. (*Poussant le bras de sa sœur.*) Tiens, je crois qu'elles ont fini.

NINETTE (*courant à la table*).

A nous, mes bonnes amies, maintenant. Cède-moi ta place, ma sœur.

VIRGINIE.

Volontiers : tu peux même écrire sur ma lettre, tiens. Il y reste une belle page toute blanche. Surtout ne fais pas de pâtés.

NINETTE.

Ah bien ! oui, des pâtés ! c'est joliment là ce que je veux y mettre ! regarde ma charmante petite fleur.

VIRGINIE.

C'est un myosotis, cela veut dire *plus je te vois, plus je t'aime*.

NINETTE.

C'est justement pour cela que je l'ai choisie.

CLAIRE.

Cependant depuis deux ans tu n'as pas vu maman, ta comparaison n'est pas bonne.

NINETTE.

Mademoiselle, apprenez que je la vois toujours dans mon souvenir; c'est pour cela que *plus je la vois, plus je l'aime.*

CHARLOTTE.

Moi, j'ai choisi une pensée pour lui prouver que je pense toujours à elle.

VIRGINIE.

Tiens, cette petite Lolotte, elle a fort bien imaginé cela!....

NINETTE.

Oh! sa fleur n'est pas plus belle que la mienne, ni son idée plus juste, allez....

CLAIRE.

Si fait, Ninette, il faut en convenir.

VIRGINIE.

N'insiste donc pas, Claire. Toi, ma chère Ninette, ce n'est pas bien de te fâcher pour un petit grain d'amour-propre, tu dois te souvenir que ce sont les discussions que nous avions souvent autrefois pour des motifs aussi puérils, qui chagrinaient notre bonne mère.

NINETTE.

Ce n'est pas si peu de chose qui causait sa peine : c'était ta paresse et ta jalousie, ma sœur; les taquineries et l'avarice de Claire; mes humeurs à moi, et la gourmandise de Lolotte.

CHARLOTTE.

Oh! à présent qu'elle serait contente! je ne suis plus gourmande, n'est-ce pas? On peut laisser un pot de confiture

LES JEUNES FILLES CORRIGÉES.

tout ouvert ou des biscuits sur la table, sans que j'y touche du bout du doigt.

CLAIRE.

Et moi, je ne suis plus égoïste ni avare comme je l'étais : Quand je vois des malheureux.... je....

VIRGINIE.

Ne parle pas du bien que tu fais, ma Claire, tu sais que le Seigneur a dit : *Que votre main gauche ignore ce que fait votre main droite.*

CLAIRE.

Ah ! c'est vrai.

VIRGINIE.

Tu sais aussi, Ninette, que Dieu veut que la paix règne toujours entre les hommes et particulièrement entre les frères et les sœurs, ne te fâche donc plus pour le moindre mot qui te contrarie.

NINETTE.

J'y ferai attention ; car lorsque maman viendra, je ne veux pas qu'elle trouve en moi la moindre chose qui puisse la fâcher.

VIRGINIE *(prenant les mains de Claire et de Ninette, chante).*

Air : *Faut l'oublier.*

Soy - ons d'ac - cord pour mi - eux lui plaire, Pour ne point l'af - fli - ger en - cor. La paix est le plus grand tré-

CHARLOTTE.

Mais, ma sœur, bonne amie nous a fait deux couplets sur ce sujet, ne te souviens-tu pas du second.

CLAIRE.

Moi, je me le rappelle. (*Elle chante sur le même air.*)
Vivons d'accord :
Dieu nous l'ordonne
Pour être un jour heureux encor :
Vers lui quand l'âme prend l'essor,
Il la punit ou lui pardonne.
L'être toujours en désaccord
Et qui n'aima que sa personne,
Ira loin de lui tout d'abord ;
Le pacifique, il le couronne :
Vivons d'accord (*bis*).

NINETTE.

Eh! nos lettres que nous n'écrivons pas. (*Elle se place et écrit.*)

CHARLOTTE.

Sœur, veux-tu me rayer mon papier, bien fin, bien fin.

CLAIRE.

Est-ce que tu veux écrire des pieds de mouches?

CHARLOTTE.

Non, non ; mais je ne veux pas écrire trop gros, afin d'en mettre beaucoup.

CLAIRE.

Voyons, que veux-tu dire à maman?

CHARLOTTE.

Ma chère petite mère, je t'écris pour te dire que je t'aime bien.

CLAIRE.

Il ne faut jamais commencer par *je t'écris* pour te dire ; puisqu'elle lira ta lettre, elle verra bien que tu as écrit.

CHARLOTTE.

Ah! c'est vrai. *Ma chère petite mère, je t'aime bien parce que tu es bonne, adorable....*

VIRGINIE.

On ne doit adorer que le bon Dieu, Lolotte, tu sais. On chérit, ou respecte, on vénère son père ou sa mère.

CHARLOTTE.

Eh ! bien, *parce que tu es vénérable.*

CLAIRE.

Fi donc! il semble que maman ait quatre-vingt-dix ans.

CHARLOTTE.

Attends, je vais trouver une autre phrase, je t'aime (*cherchant*), *je t'aime comme tout.*

CLAIRE.

Ajoute au moins : *comme tout ce qui est bon, aimable.* Aimes-tu la rhubarbe, ma chère ?

CHARLOTTE.

Oh! non, c'est trop amer. *Je te souhaite* (*elle épelle en écrivant*) s-o-u-sou-ê-te.

CLAIRE.

Non, h-a-i.

CHARLOTTE.

Je te souhaite une bonne fête et une bonne année.

CLAIRE.

Mais nous ne sommes pas au premier de l'an ; et puis, tu aurais l'air de lui désirer encore une année loin de nous.

CHARLOTTE.

Oh! je ne le veux pas. *Je te souhaite une bonne fête, bien belle, avec cette jolie pensée qui te dira que je pense toujours à toi, excepté quand je dors;* car il ne faut pas mentir, n'est-ce pas ?

NINETTE.

Tu pourrais ajouter : *et quand je joue.*

CHARLOTTE.

Non, non, je ne mettrai pas ça : il semblerait que j'aime mieux ma poupée que maman.

Je finis en t'embrassant de tout mon cœur.

VIRGINIE.

Il ne faut pas mettre : *je finis*, ne voit-on pas que tu arrives au bout de ta lettre.

CHARLOTTE.

Mais il ne faut pas dire non plus, je crois, *je t'embrasse,* Hélas! ce serait mentir ça, puisque je ne l'embrasse pas. Je vais mettre : *Je voudrais t'embrasser aujourd'hui et tous les jours comme je t'embrassais autrefois.*

LES AUTRES.

C'est cela.

CLAIRE.

Mais tu as écrit *t'embraser*, est-ce que tu veux incendier maman, toi?

CHARLOTTE.

Ah! par exemple.

NINETTE.

Mets donc deux *s* à embrasser.

CHARLOTTE.

C'est fait. Oh! je sais vite éteindre le feu, tu vois.

SCÈNE III.

Les Mêmes, Mlle DUVAL.

J'ai été retenue longtemps loin de vous, mes enfants, par une dame qui est venue me visiter ; mais j'espère que vous n'en avez pas moins rempli vos devoirs.

NINETTE.

Ma bonne amie, nous avons étudié nos leçons, Lolotte et moi, puis nous avons été nous récréer au jardin, ainsi que vous nous le permettez tous les jours.

VIRGINIE.

Quant à nous, il faut vous l'avouer, nous ne nous sommes nullement occupées de nos études ordinaires.

Mlle DUVAL.

Est-ce possible?....

CLAIRE.

Ah! ne vous fâchez pas, je vous prie : nous avons rempli un devoir que vous-même nous auriez prescrit.

Mlle DUVAL.

C'est différent. Qu'avez-vous donc fait?

VIRGINIE.

J'ai terminé mon dessin, Claire sa broderie, et nous avons écrit à maman pour sa fête.

Mlle DUVAL.

C'est bien; un peu tard pourtant; mais il vaut mieux tard que jamais. Je ne vous ai pas avertie, mes amies, pour voir si vous y penseriez.

CLAIRE.

Pouviez-vous croire qu'il en fût autrement? Depuis un mois nous ne songions qu'à cela, témoins les ouvrages que nous avons entrepris.

Mlle DUVAL.

Pourquoi donc, alors, avoir écrit si tard?

VIRGINIE.

Seulement ce matin, nous nous sommes avisées de regarder sur l'almanach.

NINETTE.

Oh! ma bonne amie, ce n'est pas bien à vous de ne nous avoir pas averties.

Mlle DUVAL.

J'ai voulu vous laisser vous occuper vous-mêmes d'un soin si cher à vos cœurs, pour vous apprendre que ce n'est pas tout que d'avoir le désir du bien; qu'il faut encore savoir prendre de justes mesures pour l'exécuter.

CHARLOTTE.

Oui, mais si nous avions toutes été trop étourdies pour ne pas regarder sur l'almanach, nous n'aurions donc pas souhaité la fête à maman? C'eût été beau vraiment! Ah! nous en aurions toutes pleuré de chagrin!

Mlle DUVAL.

Le regret que vous en auriez eu, mes enfants, vous eût préservées une autre fois d'être assez négligentes pour laisser le temps anéantir jamais vos bonnes résolutions.

CLAIRE.

Oh! vous êtes fine, bonne amie : vous voulez que de nous-mêmes, nous nous infligions, pour ainsi dire, des punitions.

Mlle DUVAL.

Je veux vous apprendre que du bien qu'on pourrait faire et qu'on ne fait pas, il résulte toujours des peines.

CLAIRE.

Alors du bien que l'on fait il doit résulter aussi du plaisir?

Mlle DUVAL.

Assurément.

CLAIRE (courant à la table et prenant une des lettres et une plume).

S'il en est ainsi, bonne amie, voici une plume, vous savez ce qu'il vous reste à faire pour nous donner de la joie ainsi qu'à maman.

Mlle DUVAL.

Je vous comprends : certifier à votre bonne mère, que vous devenez toutes studieuses, bonnes, aimables?

Soyez tranquilles, mes enfants, la chose est faite : toutes mes lettres lui témoignent la satisfaction que vous me donnez à présent.

TOUTES.

Que vous êtes bonne!....

VIRGINIE.

Eh bien! alors, pourquoi ne revient-elle pas?

SCÈNE IV.

Les Mêmes, GERTRUDE.

GERTRUDE.

Mesdemoiselles, il est bientôt midi, le facteur va passer dans le village, vos lettres sont-elles prêtes ?

VIRGINIE.

Oui, ma bonne, nous n'avons plus qu'à les cacheter. (*Elle s'occupe de ce soin.*)

NINETTE.

N'oublie pas mon myosotis.

CHARLOTTE.

Ni ma belle pensée.

GERTRUDE.

Quoi! vous envoyez des fleurs à Marseille! Ah! elles arriveront bien fraîches vraiment! Votre tante et vos cousines riront joliment de cette imagination.

CHARLOTTE.

C'est égal; maman verra que nous avons cueilli nos fleurs pour elle dans notre petit jardin.

NINETTE.

Ce sont d'ailleurs des emblèmes.

GERTRUDE.

Des emblèmes! quoiqu' c'est qu' ça? Pour moi, je n'enverrais rien de *blême* à madame, ça pourrait encore lui faire de la peine.

NINETTE.

Laisse donc, mon myosotis est d'un aussi beau bleu que le ciel.

CHARLOTTE.

Et moi, ma pensée est d'un violet et d'un jaune admirables.

VIRGINIE (*apportant un rouleau et un petit paquet*).

Tiens ma bonne, voici nos lettres et deux paquets que tu remettras au facteur, en lui recommandant de les porter à la messagerie pour que tout arrive à sa destination.

CLAIRE.

Et tu lui donneras cette pièce pour sa peine, ma bonne.

Mlle DUVAL.

Remettez-moi tout cela, je vais lui donner moi-même des instructions, afin que ces envois arrivent par la voie la plus directe. (*A part.*) J'en connais une, moi! (*Haut.*) Gardez votre pièce, ma chère Claire ; je pourvoirai à tout.

CLAIRE.

Mademoiselle, je ne souffrirai pas....

Mlle DUVAL.

Je vois avec plaisir que vous savez à présent sacrifier votre argent selon que le veulent la justice et la délicatesse. Mais gardez-le, mon enfant, j'ai une occasion qui ne coûtera rien.

SCÈNE V.

LES QUATRE SŒURS ET GERTRUDE.

GERTRUDE.

Voilà donc une fête qui se passera encore sans madame.

VIRGINIE.

Hélas! ce sera la troisième.

GERTRUDE.

Il n'y a pourtant que deux ans que madame est partie.

CLAIRE.

Sans doute, mais ne te souviens-tu pas qu'elle nous a quittées juste au moment où nous allions lui souhaiter la fête.

GERTRUDE.

Vous faisiez toutes un si beau tapage dans l'antichambre;

vous le rappelez-vous ? L'une voulait entrer la première, c'était son droit, au fait, car c'était l'aînée, mademoiselle Virginie. Vous, mademoiselle Claire, vous n'en teniez compte, elle vous a poussée et vous a fait casser une tasse qui vous avait coûté vingt-cinq sous, vous vous êtes mise à crier, à pleurer, que c'était pire qu'une jambe cassée.

CLAIRE.

Elle était si jolie ma tasse !

GERTRUDE.

Votre sœur vous disait : rachètes-en une autre, mais vous pleuriez toujours vos pauvres vingt-cinq sous. Alors vous avez appelé votre sœur Virginie colère parce qu'elle vous avait poussée, et paresseuse, parce qu'elle n'avait rien fait pour sa mère.

Au fait, elle était joliment indolente dans ce temps-là.

VIRGINIE.

Et comme j'étais jalouse aussi !

C'est bien à cause de cela que je t'ai fait casser ta tasse, ma pauvre Claire : à présent je puis en convenir, j'étais fâchée de voir que tu allais présenter quelque chose à maman, tandis que moi, je n'avais rien.

GERTRUDE.

Maintenant vous êtes si bonne, si raisonnable, que vous pouvez bien convenir de vos fautes de jeunesse. Mais, ma chère demoiselle, quand le ciel est devenu serein, faut-il toujours se souvenir des nuages passés.

VIRGINIE.

Oui, oui, ma bonne Gertrude, afin de se précautionner contre les orages qui pourraient naître encore.

CHARLOTTE.

Et moi donc ! pourquoi que je pleurais et que je criais, ce jour-là, Gertrude, tu m'as dit que je faisais un beau train ; mais je ne me souviens plus pourquoi ?

GERTRUDE.

J'crois bien, ça vous arrivait si souvent dans c'temps-là?

NINETTE.

Je me le rappelle, moi : c'est que tu avais mangé des pommes vertes dans le jardin et que cela t'avait donné des coliques.

GERTRUDE.

Et que vous, mademoiselle Ninette, qui étiez alors taquine comme un lutin, l'appeliez gourmande, et lui disiez que vous alliez le dire à votre maman.

NINETTE.

C'est vrai, j'étais si méchante! Mais aussi, Gertrude, pourquoi nous avais-tu tant gâtée.

GERTRUDE.

Dame! vous étiez quatre, toujours à mes trousses; car votre pauvre maman, presque continuellement épuisée depuis le départ de votre papa pour l'armée, était sans cesse malade. Pour vous empêcher de lui faire du bruit, je cédais à vos volontés. Et vous en aviez de toutes les façons des volontés! *Ma bonne, je veux d' ci, je veux d' ça*; et moi, j'accordais tout bien vite pour avoir la paix; mais j'avais beau faire, elle ne régnait guère dans cette maison. Aussi votre maman, pour frapper un grand coup et pour aller se refaire dans un climat plus doux, s'est décidée à partir pour Marseille, le jour même de sa fête.

VIRGINIE.

Oh! que nous avons pleuré ce jour-là!

CLAIRE.

Au lieu d'offrir nos bouquets à maman, nous ne pûmes la voir.

NINETTE.

Elle était partie quand nous entrâmes dans sa chambre, et à sa place, nous trouvâmes mademoiselle Duval, que nous ne connaissions pas.

VIRGINIE.

Elle est bien bonne, et pourtant comme elle nous parut sévère !

CHARLOTTE.

Puis, au lieu du bon régal que nous espérions à notre déjeuner, nous eûmes chacune une tartine de pain sec !.... Oh ! je ne voulus pas la manger.

NINETTE.

Je le crois bien, tu avais tant croqué de pommes, ma pauvre Lolotte.

CHARLOTTE.

Non, mademoiselle, c'est que j'étais trop triste.

VIRGINIE.

C'est que nous pleurions tant nous deux, t'en souviens-tu, ma Claire ?

CLAIRE.

J'en pleure encore rien que d'y penser. (*Elle porte son mouchoir à ses yeux.*)

LES AUTRES.

Et moi aussi !

VIRGINIE.

Ah ! que cette nouvelle fête de demain va être triste !

GERTRUDE.

Ne pleurez pas, mes pauvres enfants, il paraît que quelques amis viendront pour vous divertir.

VIRGINIE.

Peu m'importe, pourrais-je m'amuser sans maman ?

CLAIRE.

Ni moi non plus.

GERTRUDE.

Mademoiselle Duval m'a recommandé de faire un joli dîner : il y aura des crèmes, un nougat, une frangipane.

CHARLOTTE.

Pour moi, je ne mangerai pas une miette de tout cela.

NINETTE.

Je ferai comme toi ; peut-on jouir de quelque chose quand on n'a plus sa maman ?....

GERTRUDE.

Allons, ma *Nini*, et toi aussi, ma *Lolotte*, ne pleurez plus. Une petite risette, voyons.... T'nez, v'nez prendre l'air au jardin, vous y verrez quelque chose que j'ai découvert.

LES DEUX PETITES.

Quoi donc, ma bonne?

GERTRUDE.

Un nid de fauvettes.

NINETTE.

Ah ! tu nous trompes, Gertrude, il n'y en a plus à présent.

GERTRUDE.

Si, si, il y a toujours des nids ; mais il n'y a plus de petits dedans, c'es vrai : ils se sont tous envolés avec leur mère.

CHARLOTTE.

Ah ! qu'ils sont heureux, ces petits-là !

GERTRUDE.

Eh bien ! nous irons dans le pigeonnier : il y a deux petits d'éclos.

NINETTE.

Vraiment ?

GERTRUDE

Puis les enfants de ma lapine montrent leur nez maintenant, il y en a quatre gris, un presque noir et deux blancs.

CHARLOTTE (*elle prend un bras à Gertrude; Ninette l'autre*).

Oh ! allons les voir, allons les voir !

GERTRUDE (*aux autres*).

Et vous, mes bonnes demoiselles, est-ce que vous ne venez pas?

VIRGINIE.

Cette pauvre Gertrude ! elle fait ce qu'elle peut pour nous distraire.... Viens, ma Claire, suivons-la.

ACTE DEUXIÈME.

SCÈNE PREMIÈRE.
Mlle DUVAL, VIRGINIE, CLAIRE.

Mlle DUVAL (*à une table avec ses deux élèves*).

Parfaitement bien, mes bonnes amies, vous avez répondu on ne peut mieux à toutes les interrogations que je vous ai faites.

CLAIRE.

Vous trouvez, ma bonne amie ? Ah ! pourquoi maman n'a-t-elle pu nous entendre !

VIRGINIE.

Elle eût été encore plus satisfaite de toi que de moi, ma sœur.

CLAIRE.

Et pourquoi donc ?

VIRGINIE.

Parce que tu as répondu aussi bien que moi sur l'histoire et la géographie, et que je suis ton aînée.

Mlle DUVAL.

L'indolence de vos jeunes années vous avait mises en retard, mais vous avez bien réparé le temps perdu, mon enfant.

VIRGINIE.

J'ai eu un si profond chagrin de voir maman nous quitter à cause du peu de satisfaction que nous lui donnions, surtout moi qui aurais dû servir d'exemple à mes sœurs, que j'ai fait tous mes efforts pour me corriger. Dieu merci, grâce à vos bonnes exhortations, je ne suis plus paresseuse; mais il faut convenir que Claire a bien plus de moyens que moi.

Mlle DUVAL.

C'est vrai, elle a une si heureuse mémoire ! mais il ne faut pas qu'elle s'enorgueillisse de ce don naturel

CLAIRE.

Oh ! bonne amie, ce serait bien mal à moi : si j'ai moins de peine à apprendre qu'une autre, j'ai bien moins de mérite aussi, et il serait bien sot de se glorifier des facultés que Dieu seul nous donne.

Mlle DUVAL.

Parfaitement pensé, mon enfant.

Voici assez d'études sérieuses aujourd'hui, mes amies, allez vous récréer à votre piano. Repassez surtout votre dernier morceau à quatre mains, nous aurons peut-être du monde demain, et vous le jouerez.

VIRGINIE.

Quoi ! mademoiselle, il nous faudra jouer et faire bonne mine à la compagnie, quand nous aurons le cœur si triste de voir encore la fête de maman se passer ici sans elle.

CLAIRE.

Oh ! pour moi, je sens que cela me sera impossible.

Mlle DUVAL.

Rien n'est impossible à qui a de la docilité et de la bonne volonté ; faites ce que je vous dis, Claire : vous savez bien que je n'aime pas qu'on réplique.

CLAIRE.

Puisque vous le voulez absolument, mademoiselle, viens ma sœur.

VIRGINIE.

Attends que je range tout ceci. (*Elle prend des livres et des cartes qui sont sur la table, et veut aller les porter dans une chambre voisine.*)

Mlle DUVAL (*avec vivacité*).

Que faites-vous ?.... n'ouvrez pas cette.... (*se repre-*

nant.) Laissez, laissez tout cela, ma chère, ne perdez pas votre temps.

VIRGINIE *(rapportant ce qu'elle emportait).*

Vous le voulez, ma bonne amie.

CLAIRE *(à part).*

C'est singulier! pourquoi mademoiselle Duval ne veut-elle pas que nous allions par là?....

SCÈNE II

Mlle DUVAL.

Ces pauvres enfants!

J'espère que leur savoir, leur modestie et leur douceur sont faits pour charmer leur mère. Heureuses les institutrices qui voient ainsi leur zèle payé de succès! (*Allant vers le cabinet.*) Avez-vous entendu? (*Une voix répond.*) Oui. Appelons maintenant Ninette et Charlotte. (*Elle appelle du côté du jardin.*) Ninette! Charlotte!

Il faut avouer que j'ai eu bien de la peine à maîtriser d'abord ce petit monde rebelle et inculte; mais avec de la douceur, de la bonté et une juste sévérité, j'y suis parvenue. Ah! l'horticulteur qui fait produire de bons fruits à un sauvageon, le cultivateur qui fertilise une terre stérile, n'ont pas plus de jouissances que moi.

SCÈNE III.

Mlle DUVAL, LES DEUX PETITES.

Mlle DUVAL.

Vous êtes restées bien longtemps au jardin, mes chéries: qu'avez-vous donc fait?

NINETTE.

Nous y avons joué d'abord.

CHARLOTTE.

C'était dans l'ordre, n'est-ce pas, bonne amie?

Mlle DUVAL.

Oui. Et toujours d'accord j'espère?

NINETTE.

Sans doute : aurait-on du plaisir sans cela?

Mlle DUVAL.

Ensuite.

CHARLOTTE.

Ensuite nous avons arrosé nos petits jardins, et voilà trois jolis bouquets que nous avons cueillis; un pour vous, deux pour Virginie et Claire.

NINETTE.

Hélas! nous aurions aimé en pouvoir faire un aussi pour notre maman!

Mlle DUVAL.

Mettez-les dans l'eau pour qu'ils se conservent. Qu'avez-vous fait encore, mes petites amies.

CHARLOTTE.

Comme il ne faut jamais rester à rien faire, ainsi que vous nous l'avez dit, nous avons pris nos ouvrages.

NINETTE.

J'ai fait un bout de feston et Lolotte a marqué six lettres sur son canevas. C'est beaucoup ça, n'est-ce pas?

Mlle DUVAL.

Sans doute, cela a dû être plus long qu'un bout de feston.

CHARLOTTE.

Mais Ninette ne vous dit pas qu'elle m'a aidée à faire mes lettres, car elle est bien complaisante à présent.

Mlle DUVAL.

Vous vous êtes parfaitement conduites, mes chères amies. Et la petite historiette que je vous avais donnée à repasser ce matin, vous en êtes-vous occupées?

NINETTE.

Tout en travaillant, nous nous la sommes fait réciter chacune à notre tour.

CHARLOTTE.

Même que tu m'as reprise plusieurs fois.

NINETTE.

Ah ! tu la sais aussi bien que moi à présent.

Mlle DUVAL.

Voyons, récitez-la moi, mes enfants.

NINETTE (allant au cabinet).

Je vais aller chercher le livre dans la bibliothèque.

Mlle DUVAL (avec vivacité).

N'y allez pas, Ninette.

NINETTE (s'arrêtant près de la porte).

Mais pour que vous voyiez si nous manquons.

Mlle DUVAL.

C'est inutile : je sais cette historiette.

NINETTE (hésitant encore).

Mais d'habitude, vous....

Mlle DUVAL.

Je vous dis que c'est inutile. Venez et répétez.

NINETTE.

Le vieux Militaire et ses Filles.

Mlle DUVAL.

Bien haut, ma chère.

NINETTE.

« Un brave après dix ans d'absence
« Employés à la gloire, au soutien de la France
« Venait d'obtenir son congé.

Mlle DUVAL.

Moins vite et plus haut.

NINETTE.

« Il avait combattu dans l'Egypte, en Espagne,
« En Italie, en Allemagne,
« Et ne s'était point ménagé,
« Pour lui, quel sort enfin prospère
« De revenir en ses foyers,
« Se reposer sur ses lauriers !
« Il est heureux époux, il est bien tendre père,
« Quel plaisir de revoir enfin
« Sa famille, pour lui, si chère!
« La joie et le bonheur l'attendent dans son sein.

Mlle DUVAL.

A vous, Charlotte, et prononcez comme il faut.

CHARLOTTE.

« Il arrive. O transports de joie et de tendresse!
« Il ne voit que des yeux pleins de pleurs d'allégresse,
« Que des bras étendus afin de l'enlacer ;
« Sent des cœurs palpitants sur son sein se presser :
« Eprouve en un moment tant de joie et d'ivresse
« Que tous ses maux semblent s'en effacer.

Mlle DUVAL.

Plus haut donc, mon enfant. Il faut parler comme si vous vouliez qu'on vous entendît du jardin.

CHARLOTTE (riant).

Vous voulez donc que j'apprenne cette pièce de vers aux petits oiseaux.

NINETTE (à part).

C'est singulier, jamais Mlle Duval ne nous fait répéter si haut que cela.

CHARLOTTE (continuant).

« Il embrasse à la fois sans tous les reconnaître
« Ces objets si chers à son cœur.
« Sa femme est maintenant vieillie,
« Mais l'éclat de ses yeux tout remplis de bonheur,
« Lui fait deviner sa Julie.
« Quand il partit, Adèle, Honorine, Eulalie
« N'étaient encor que des enfants.
« Elles sont à présent de jeunes demoiselles
« De treize à quatorze ans,

« Qui lui semblent fort belles,
« Surtout dans ces transports de doux embrassements.

Mlle DUVAL.

A vous, Ninette, et souvenez-vous de ma recommandation.

NINETTE.

« Du bonheur, un doux rayon brille
« Peu de jours cependant à son cœur si touché :
« Au sein même de sa famille
« Un ennemi s'était caché.
« La discorde au méchant sourire,
« A l'œil sec, au flambeau dangereux, empesté,
« Exerçait chez lui son empire,
« En bannissait le calme et la gaîté.
« Adèle était arrogante et colère,
« Eulalie, entêtée et jalouse à l'excès ;
« Honorine, indiscrète, et donnant trop d'accès
« Aux rapports incessants, provocateurs de guerre.

Mlle DUVAL.

A vous, Charlotte?
« Une mère bien faible, au cœur trop affligé
« D'une absence si longue et si triste pour elle,
« Avait gâté souvent et jamais corrigé
« Chaque enfant devenu rebelle.

(*S'interrompant.*) C'était comme maman, et comme nous, n'est-ce pas Ninette?

NINETTE.

Hélas! oui, au lieu de la consoler, nous faisions du chagrin à notre bonne mère?....

Mlle DUVAL.

Pourquoi donc ne parlez-vous pas plus haut, mes enfants?

CHARLOTTE (*riant*).

Mais, bonne amie, parce qu'à présent, nous ne faisons plus la leçon aux moineaux du jardin.

Mlle DUVAL.

Allons, continuez?

CHARLOTTE.

« Le bon père aperçoit (ô trop vive douleur!)
« Le mal croissant dans sa famille.
« Il parle alors à chaque jeune fille
« De l'union qui donne le bonheur,
« Du malheur de la vie entière
« Quand on contracte un mauvais caractère.
« Seule alors on lui promet bien
« De s'observer pour devenir meilleure;
« Mais, est-on en commun, on ne se cède rien,
« Et la discorde assaillit la demeure.
« Après mainte et mainte leçon
« Qui n'ont rien produit que des larmes,
« Le bon père attristé, revêtu de ses armes,
« Se dispose à quitter de nouveau sa maison.

NINETTE *(à qui Mlle Duval fait signe de continuer).*

« — Je croyais, mes enfants, trouver dans mon ménage
« La douce paix qui m'avait fui longtemps;
« Et désormais je n'envisage
« Que désespoir pour mes vieux ans.
« A l'armée autrefois j'eus plus d'une blessure,
« Mais nulle n'atteignit mon cœur;
« Ici, quand vous blessez l'amitié, la nature,
« Vous le percez d'une vive douleur.
« Le ciel a pourtant fait les femmes
« Pour nous porter à la douceur
« Et pour répandre dans nos âmes,
« Par leurs vertus, le calme et le bonheur.
« Ici je trouve le contraire;
« Adieu, je retourne à la guerre.
« Là, pour la même cause unis,
« Nous vivions tous d'accord, et n'avions d'ennemis
« Que ceux d'une commune mère.
« Vous désolez la vôtre, et m'offrez le tableau,
« Dans mes foyers, de la guerre civile,
« Le plus affreux, le plus cruel fléau :
« Je vous fuis donc pour être plus tranquille.
« Je vais pour ma patrie encore verser mon sang,
« Et lorsque l'ennemi me percera le flanc,
« Il me délivrera d'une triste existence.

CHARLOTTE *(à qui Mlle Duval fait signe de continuer).*

« — O mon père! Ah! papa! s'écrient à la fois
« Les trois sœurs, éprouvant la plus vive souffrance :

« Désormais nous suivrons tes lois,
« Nous réaliserons ta plus chère espérance.
« A ces pieds qu'on a vus au chemin de l'honneur,
« Sur ce cœur affligé dont la vertu s'honore,
« Nous te jurons de faire ton bonheur :
« Daigne vouloir nous éprouver encore.

NINETTE.

« De nouveau le bon père ouvrit enfin ses bras,
« Resta dans ses foyers, ne le regretta pas :
« Ses filles, aux vertus, s'animant pour lui plaire
« Furent tout autres désormais ;
« Et, parsemant de fleurs les jours de leur vieux père,
« De l'union goûtèrent les bienfaits.
« Puissent ainsi bien d'autres jeunes filles,
« Se réformer, pour être en leurs familles
« De doux liens, de vrais anges de paix !

CHARLOTTE.

C'est ainsi que nous avons fait, n'est-ce pas Ninette?

NINETTE *(prenant la main de son institutrice)*.

Oui, grâce à cette chère bonne amie, qui a su nous corriger de nos défauts.

CHARLOTTE.

Dis donc aussi pour ne plus causer de peine à maman quand elle viendra.

NINETTE.

C'est vrai. Ni à papa quand il nous sera rendu.

CHARLOTTE *(se dirigeant vers le cabinet)*.

Je vais chercher mon livre de contes que j'ai laissé par là.

Mlle DUVAL.

N'y allez pas, Charlotte.

CHARLOTTE.

Et pourquoi donc, bonne amie?

NINETTE *(riant)*.

Est-ce le cabinet de la Barbe-Bleue, qu'on n'y peut plus entrer.

CHARLOTTE *(bas à Ninette).*

Dis donc, aurait-on caché des friandises là dedans? (*Haut.*) Mademoiselle, si vous avez fait mettre des biscuits ou des gâteaux dans ce cabinet, vous pouvez bien nous les laisser voir, allez; ma sœur ni moi ne sommes plus gourmandes, et nous ne goûterons même pas à ceux qu'on nous servira demain.

Mlle DUVAL.

Et pourquoi donc?

NINETTE.

Ah! nous aurons le cœur trop triste, n'est-ce pas le jour de la fête de maman? et elle n'y sera pas!

CHARLOTTE.

L'anniversaire du jour où elle nous a quittées; nous penserons bien à nous régaler vraiment!....

SCÈNE IV.

Les Mêmes, GERTRUDE.

GERTRUDE.

Mademoiselle, il y a à la grille du jardin, deux pauvres petites filles qui paraissent bien malheureuses et bien fatiguées. Puisque vous remplacez Madame, vous me permettez de leur donner quelques rafraîchissements, n'est-ce pas?

Mlle DUVAL.

Assurément.

NINETTE.

Si vous vouliez qu'on les fît entrer, bonne amie, elles seraient mieux assises ici que sur la pierre qui est à côté de la grille, et elles n'auraient pas si chaud qu'au grand soleil de la route?

CHARLOTTE.

Vous ne demandez pas mieux, bonne amie, je vois cela dans vos yeux et je cours les chercher.

Mlle DUVAL.

Allez, mes enfants; il faut toujours exercer la bienfaisance. (*Les enfants sortent avec leur bonne.*)

SCÈNE V.

Mlle DUVAL, VIRGINIE ET CLAIRE *(rentrant)*.

VIRGINIE.

Notre morceau va à merveille maintenant, ma bonne amie; Claire qui y faisait quelques fautes l'a tellement repassé, qu'elle vient de le jouer parfaitement.

CLAIRE.

Dis donc que c'est toi qui m'as si bien fait étudier les passages où je me trompais, que je suis parvenue à rester complétement d'accord et en mesure avec toi.

Mlle DUVAL.

Vous le voyez, mes chéries, on peut tout ce qu'on veut et la complaisance d'une bonne sœur sait toujours entretenir la bonne harmonie.

SCÈNE VI.

LES MÊMES, NINETTE, CHARLOTTE, ELISA ET ADÈLE
sous les noms de Louison et de Jacqueline.

VIRGINIE.

Tiens! quelles sont ces jeunes filles?

Mlle DUVAL.

Deux petites paysannes qui apparemment se sont perdues.

LOUISON *(se jetant dans un fauteuil)*.

Ah! que j'sommes fatiguée! J'n'en peux plus.

JACQUELINE.

Tant pire pour toi, Louison, c'est ta faute, mais t'es joliment malhonnête, tout d'même. (*Faisant une petite ré-*

vérence.) Dis donc comme moi : bonjour, Mesdames et la compagnie.

LOUISON (*s'étendant dans son fauteuil*).

Ah! tant pire j'suis trop lassée. Qu'il est bon c't assistoire!

Mlle DUVAL.

Mais d'où venez-vous donc, enfants, pour être si fatiguées.

LOUISON.

Oh! d'ben loin : je n'croyions pas que l'monde était si grande.

CLAIRE.

Comment vous êtes-vous mises en route toutes seules?

JACQUELINE.

C'est ma sœur qui l'a voulu : elle a une plus mauvaise tête que d'bons pieds, elle, allez....

VIRGINIE.

Il n'est pas bien de parler contre votre sœur, mon enfant.

NINETTE.

Oh! non, ce n'est pas bien : voyez-vous, nous quatre, nous nous défendons toujours.

LOUISON.

Ah! ben, nous nous qu'rellons quand ça nous plaît, nous.

CLAIRE.

Mais cela ne doit jamais vous plaire, car c'est bien malheureux de se quereller. Je m'en souviens, moi.

CHARLOTTE.

Vous n'avez donc pas un papa et une maman, pauvres petites?

JACQUELINE.

Si fait nous en avons. C'est pour ça qu'ma sœur a voulu s'en aller d'la maison.

TOUTES.
Est-il possible?....
VIRGINIE.
Nous qui serions si heureuses de revoir les nôtres!.....
CLAIRE.
Moi, je donnerais la moitié de ma vie pour cela.
CHARLOTTE.
Moi, tous mes joujoux, sans regretter même ma belle poupée.
LOUISON.
Dam! vous n'avez p'têtre pas un père et une mère qui vous disaient : fais ci, fais ça. Va par ici, va par là. Ça m'ennuyait, moi.
JACQUELINE.
V'la pourquoi qu' Louison nous a mis en tête de partir; aussi à présent nous sommes joliment heureuses vraiment : nous mourons toujours de faim!
CHARLOTTE.
C'est vrai qu'elles meurent de faim. (*Allant à la porte.*) Gertrude! Gertrude! Arrive donc avec tes provisions!
GERTRUDE *(arrivant)*.
Me v'la. Dame! il fallait bien le temps d'apporter tout ça : d'autant plus qu'il m'a fallu descendre à la cave.
(*Elle arrange le tout sur la table. Les deux voyageuses s'en approchent.*)
LOUISON *(étourdiment)*.
Tiens, nous n'avons pas de serviettes.
JACQUELINE *(à part)*.
Tais-toi donc, Elisa, est-ce que les paysannes se servent de serviettes.
CLAIRE *(bas à Virginie)*.
C'est drôle qu'elles demandent des serviettes! Elles n'ont pourtant rien à gâter.
(*Les deux sœurs prenaient leurs fourchettes, mais sur un*

signe de Jacqueline, elles mettent leur viande sur leur pain et mangent avec leurs couteaux.)

CHARLOTTE.

Oh! comme elles mangent de bon appétit : avaient-elles faim !

LOUISON *(prenant un second morceau de viande ou de volaille).*

C'est joliment bon, ça!

JACQUELINE *(d'un ton pleureur).*

Eh! ben, tu prends tout, tu ne m'en laisses pas un p'tit brin.

LOUISON.

Tant pire, j'ai faim, moi.

NINETTE *(à Virginie).*

Ma sœur, fais-leur donc un peu de morale : ça me fait de la peine de les voir si méchantes et celle-ci si égoïste.

VIRGINIE.

Mademoiselle Louison, pendant que vous mangez, permettez-moi de vous parler un peu.

LOUISON *(la bouche pleine).*

Parlez si vous voulez, Mademoiselle, je ne mange pas avec mes oreilles, moi.

VIRGINIE.

Je veux vous dire qu'étant l'aînée vous devriez donner un bon exemple à votre sœur.

LOUISON.

Qu'est-ce donc que je *fesons* de mal?

NINETTE.

Mais vous prenez presque tout sans vous occuper si votre sœur en aura assez pour elle.

CHARLOTTE.

Ce n'est pas comme cela que font mes sœurs, elles se privent souvent des plus beaux fruits pour me les donner à moi.

VIRGINIE.

Et puis vous avez engagé votre sœur à quitter vos parents, savez-vous que c'est bien mal cela?

CLAIRE.

Vous ne connaissez donc pas le commandement du Seigneur :
« Tes pères et mères honoreras
« Afin de vivre longuement?

VIRGINIE.

Tenez, mes pauvres enfants, je vais vous dire notre histoire, elle servira peut-être à vous corriger.

Dans notre enfance, nous étions devenues détestables : nous ne nous cédions rien, nous n'obéissions plus à notre mère, aussi nous étions les plus malheureuses du monde. La bonne demoiselle que vous voyez là a su nous corriger ; aussi à présent nous nous aimons et nous vivons toujours en paix.

CLAIRE.

Et c'est un grand bonheur, allez, quand on est sœurs que de se chérir : on n'a pas besoin d'aller bien loin pour trouver des amies. Tenez, croyez-nous, retournez chez vos parents....

JACQUELINE.

Et d'l'argent pour y aller?

CLAIRE.

Nous vous en donnerons. Toutes mes économies sont déjà pour vous. (*Elle lui donne sa bourse.*) Mais quand vous serez rentrées dans votre famille, croyez-moi, ne vous querellez plus et tâchez de faire le bonheur de vos parents.

VIRGINIE.

Oh ! oui, cela doit rendre bien heureuses.

Tenez, vous voyez que nous avons ici tout ce que nous pouvons désirer, nous sommes quatre sœurs bien unies, eh ! bien, il nous manque toujours quelque chose : papa et maman ne sont plus là.

CLAIRE.

Notre pauvre mère est partie pour ne plus entendre nos querelles, et sans elle plus de bonheur pour nous.

LES AUTRES.

Non, plus de bonheur.

SCÈNE VII.

Les Mêmes, Mme DERMILLY *sortant de la pièce voisine.*

Me voici, me voici, mes enfants.

TOUTES.

O maman, maman!.... (*Elles l'embrassent.*)

VIRGINIE.

Tu nous es donc enfin rendue?

Mme DERMILLY.

Et pour ne plus jamais vous quitter, mes bonnes amies, car maintenant vous êtes toutes selon mon cœur.

ELISA (*ôtant son bonnet et la mauvaise blouse qui couvrait ses habits*).

Et voilà des cousines bien heureuses de vous embrasser.

ADÈLE (*qui s'est aussi déshabillée*).

Et qui ne sont pas si méchantes qu'elles le paraissaient.

Mme DERMILLY.

Oh! non, ce sont de jeunes amies charmantes qui viennent augmenter pour quelque temps votre bonheur de famille.

NINETTE ET CHARLOTTE.

Ah! la bonne attrape! la bonne attrape! (*Les cousines s'embrassent.*)

CLAIRE (*prenant la main de sa mère*).

Cette chère maman, la voici enfin, elle était cachée là. Voilà donc pourquoi notre bonne amie voulait nous empêcher d'entrer dans ce cabinet?

VIRGINIE.

Ah! ce n'est pas bien d'avoir retardé ainsi notre joie!

Mlle DUVAL.

C'est moi qui ai modéré l'impatience de votre bonne mère, pour la faire jouir de votre changement.

GERTRUDE.

Dame! chacun tient à faire voir son ouvrage, pas vrai?

Mme DERMILLY.

Et j'ai été bien satisfaite de l'heureuse révolution que votre digne institutrice a opérée ici.

CLAIRE.

Mes cousines se sont donc travesties pour que nous leur fissions de la morale.

Mme DERMILLY.

Précisément. J'ai bien joui de vos bons sentiments, mes enfants.

GERTRUDE.

Mais, moi, pourquoi qu'on n'm'a pas mise dans la confidence?

Mme DERMILLY.

Parce que vous auriez peut-être averti mes filles de notre arrivée; Gertrude, vous les gâtiez tant autrefois!

GERTRUDE.

Soyez tranquille, Madame : allez, je laisserai toujours agir Mlle Duval à son gré. Je n'aimerais pas, moi, quand j'aurais ben apprêté quelques bons mets, qu'un gâte-sauce vînt me les arranger tout de travers, à chacun son métier, pas vrai?....

CHARLOTTE.

Mais pendant que maman était cachée là, nos cousines étaient donc restées toutes seules dans le village?

ELISA.

Non pas vraiment, nous ne sommes point des jeunes filles errantes, croyez-le.

ADÈLE.

Nous étions avec notre oncle, qui est allé visiter sa ferme d'ici près et va venir tout-à-l'heure.

VIRGINIE.

Comment, avec votre oncle ! mais c'est donc avec papa ?

LES AUTRES.

Quoi, avec papa ?

Mme DERMILLY.

Sans doute, mes bonnes amies : si j'ai tardé bien longtemps à revenir, c'est que j'attendais son retour d'Algérie. Il est enfin venu me rejoindre à Marseille et nous sommes tous arrivés aujourd'hui.

VIRGINIE.

Mais comment n'est-il pas accouru tout aussitôt pour nous voir ?

Mme DERMILLY.

Il savait que Mlle Duval, à qui je ne puis assez exprimer ma reconnaissance, désirait, que sans me laisser voir, je fusse témoin de vos progrès dans vos études et de l'amélioration de vos caractères. Comme la franchise militaire de mon mari dédaignait cette petite ruse féminine, il nous a laissé le champ libre pendant quelques instants. Mais tout-à-l'heure, il va rentrer dans ses foyers pour ne les plus quitter.

TOUTES.

Ah ! quel bonheur ! quel bonheur !

NINETTE.

Et il ne voudra plus retourner à la guerre, va.

CLAIRE.

Il jouira trop bien de la paix qui règne toujours ici maintenant.

Mme DERMILLY.

Assurément, mes chères amies : la félicité d'un bon père est de voir la plus douce union régner au sein de sa famille.

CHARLOTTE.

Ah! la délicieuse fête que nous aurons demain.

NINETTE.

Commençons-la dès aujourd'hui : Mes sœurs, vos couplets, vos couplets?....

CHARLOTTE.

Mais il nous faut des bouquets.

Mlle DUVAL.

Prenez ceux-ci, mes enfants. (*Ninette, Charlotte et Claire prennent chacune un bouquet.*)

NINETTE.

Et ma bonne sœur Virginie qui n'en a pas.

CHARLOTTE.

Ah! je cours lui en chercher un dans mon petit jardin.

VIRGINIE.

Non, ma Lolotte, cela nous retarderait et d'ailleurs.....
(*Elle chante.*)

Air : *Partant pour la Syrie.*

Andante.

Pour fê - ter u - ne mè - re pour-quoi cueil - lir des fleurs? Ce sym-bole é-phé - mè - re Lui peindrait - il nos cœurs! Pour marquer notre

LES JEUNES FILLES CORRIGÉES.

zè - le, Mes sœurs fai-sons bien plus : La
pre - nant pour mo - dè - le, I-
mi - tons ses ver - tus, La
pre - nant pour mo - dè - le, I-
mi - tons ses ver - tus.

CLAIRE.

Quand on aime sa mère
D'un vif et saint amour,
On veut la satisfaire,
La fêter chaque jour.
Tous répètent { Et sa famille entière
ces quatre vers. { Par des soins assidus
{ Doit offrir un parterre } (Bis).
{ Où brillent les vertus. }

NINETTE.

Mais dans ce beau parterre
Hélas! s'il se montrait
Quelque plante étrangère
En ôtant tout l'attrait ;
Les quatre { L'extirpant pour te plaire,
sœurs répètent. { Sans regrets superflus,
{ Tu n'y verrais, ma mère, } (Bis.)
{ Fleurir que nos vertus. }

CHARLOTTE.

Vois-tu ton existence
Semée alors de fleurs,
Et jamais ton absence
Ne désoler nos cœurs.

Les quatre sœurs répètent
{ Rentre dans ton domaine,
Et vois nos cœurs émus
Promettre à notre Reine
La paix et les vertus. } *(Bis.)*

LA
TANTE INCONNUE

COMÉDIE EN 1 ACTE

AVEC COUPLETS ET MUSIQUE

PAR

Mme MANCEAU

Maîtresse de Pension à Paris

PARIS
VICTOR SARLIT ET Cie, LIBRAIRES-ÉDITEURS
Rue de Tournon, 19

LA TANTE INCONNUE.

Pièce en un acte.

PERSONNAGES.

SOPHIE, 15 ans,
JULIE, 14 ans,
LUCIE, 13 ans,
LAURETTE, 8 ans,
} sœurs.

IRMA, 15 ans,
CHARLOTTE, 14 ans,
} voisines.

Mme EVRARD, sous le nom de Mme Henri.
MARGUERITE, vieille bonne goutteuse.
JAVOTTE, sa petite-fille

LA TANTE INCONNUE

SCÈNE PREMIÈRE.

JULIE ET SOPHIE, *tenant l'une une robe de gaze rose, l'autre une bleue.*

JULIE (*mettant sa robe devant elle et s'approchant d'une glace*).

Ah! que cette couleur m'ira bien!

LUCIE (*faisant la même chose*).

Et moi, ma sœur, vois donc? Ce bleu est précisément de la couleur de mes yeux.

JULIE.

Oh! nous serons belles à ravir. Cette fois les demoiselles de la compagnie d'Irma ne pourront pas dire que nous sommes mises toujours comme des pensionnaires.

LUCIE.

Avec les deux jolies châtelaines que nous avons choisies hier et que nous enverrons chercher par Javotte, nous serons tout-à-fait bien, et pourrons à notre tour nous moquer de celles qui auront de pauvres toilettes.

C'est si amusant de rire de celle-ci, de contrefaire celle-là! Que ma sœur Sophie est sotte de ne point vouloir nous accompagner!

JULIE.

Eh! laisse-la. Parce qu'elle a un an de plus que moi et près de deux de plus que toi, elle veut faire la maman et nous donner des leçons de morale. Aussi qu'est-ce qui en arrive, elle ne se forme pas à la société, et elle aurait l'air tout-à-fait déplacée si elle s'y trouvait.

LUCIE.

Ah! pourtant il faut avouer qu'elle sait encore mieux danser que nous. Te souviens-tu que notre professeur la chargeait toujours de nous faire répéter nos pas, et que Mme Henri vante aussi son talent sur le piano.

JULIE.

Oui, mais les grâces, la tournure, les belles manières qu'on prend dans le monde, je suis sûre qu'elle en serait tout-à-fait dépourvue. Elle aurait l'air timide et empruntée comme une villageoise.

SCÈNE II.
Les Mêmes, IRMA et CHARLOTTE.

IRMA.

Ah! mes chères voisines, la couturière vous a apporté vos robes, c'est bon. J'espère que vous serez prêtes des premières pour notre réunion.

LUCIE.

Nous n'osons pas vous le promettre; car nous ne pourrons monter chez vous que lorsque tout le monde ici sera couché.

CHARLOTTE.

Et pourquoi cela?

JULIE.

Tu sais bien que Sophie n'a pas voulu accepter votre invitation, disant que lorsqu'on n'a pas de mère, ni aucune personne respectable pour conduire de jeunes filles dans le monde, elles doivent se dispenser d'y aller.

IRMA.

Eh bien! qu'elle ne vienne pas : nous nous passerons

bien d'elle et de sa sagesse. Mais je pense qu'elle n'a pas le droit de vous empêcher de venir vous amuser avec nous.

JULIE.

Aussi, nous nous moquons de sa consigne, tu vois? et quoi qu'elle en ait dit, nous vous avons priées de nous acheter ces robes, puis nous nous les sommes fait faire en cachette.

CHARLOTTE.

En cachette! vous êtes bien bonnes de vous gêner pour elle.

LUCIE.

Mais c'est qu'il y a encore Madame Henri, et notre vieille bonne qui sont du même avis que ma sœur.

IRMA.

Madame Henri! quelle est donc cette espèce de personne?

JULIE.

C'est notre maîtresse d'anglais et de piano.

IRMA *(riant)*.

Ah! ah! la belle autorité! Eh bien! on prend avec elle sa leçon bien ou mal, puis quand elle est finie, on lui donne son cachet et tout est dit.

CHARLOTTE.

Oui, oui, elle s'en va bien contente et n'a pas besoin de se mêler de ce qui ne la regarde point.

IRMA.

Je comprends encore moins comment il se fait que vous, de grandes demoiselles, vous attachiez quelque importance à ce que peut dire une vieille domestique goutteuse et grognon.

CHARLOTTE.

Apparemment que nos chères voisines craignent que leur *bobonne* ne leur mette de l'eau dans leur soupe, pour les punir de ne pas faire sa volonté.

LUCIE.

Sachez, mademoiselle, que nous ne la craignons pas. Nous serions, d'ailleurs, des petites filles que nous n'aurions pas peur qu'elle ne mît de l'eau dans notre soupe; car elle ne la fait plus.

CHARLOTTE.

Eh! qui donc la fait?

LUCIE.

Sa petite fille, Javotte, que papa, avant son départ, a prise ici pour la seconder.

CHARLOTTE.

Ah! bien, elle doit être bonne votre cuisine! vous mangez sans doute souvent de la soupe aux choux, car la pauvre fille, j'en suis sûre, ne sait faire que cela.

LUCIE.

Pardonnez-moi, mademoiselle, nous mangeons peut-être d'aussi bons mets que vous. Quand Marguerite ne souffre pas trop, elle explique à sa petite-fille ce qu'il faut faire, et quand notre vieille bonne est dans son lit, ma sœur Sophie étudie la cuisinière bourgeoise et tient elle-même la queue de la poêle.

CHARLOTTE.

Belle étude! et jolie occupation pour une belle demoiselle!

LUCIE.

Mais que feriez-vous à la place de ma sœur?

CHARLOTTE.

Je mettrais la vieille bonne à l'hôpital, et j'aurais une cuisinière qui ferait son affaire toute seule.

LUCIE.

Oui, mais papa?......

IRMA.

Tiens! est-ce que vous ne savez pas lui faire faire ce que vous voulez à votre papa?

Moi, quand je vois mon père et ma mère opposés à ma volonté, je les cajole un peu, et j'obtiens bientôt ce que je veux.

CHARLOTTE.

Témoin la fête que nous venons d'organiser ma sœur et moi.

JULIE.

Ah! je saurai bien aussi faire entendre raison à mon père, allez.

CHARLOTTE.

Et vous ferez bien. Pour avoir la paix à la maison, il faut que les parents cèdent à leurs enfants. Mais revenons à vos robes : voyons si elles paraissent bien faites.

Celle-ci est beaucoup trop montante, Lucie, vous aurez l'air engoncée avec cela.

LUCIE.

Comment vais-je faire? la couturière qui est partie.

CHARLOTTE.

C'est bien difficile, coupez-la d'un bon doigt tout autour du corsage, et remettez-y le même passe-poil.

JULIE.

Et la mienne, comment la trouvez-vous?

IRMA.

Mieux; mais la garniture d'en bas est trop unie. On aurait dû border cette gaze avec un petit ruban pareil.

JULIE.

Ah! c'est bien facile. Je vais dire à Javotte de m'aller chercher une pièce de ruban rose. Bon, voilà un petit morceau de la doublure du corsage qui lui servira d'échantillon. (*Elle sort.*)

LUCIE.

Ma sœur, n'oublie pas de lui dire de prendre nos châtelaines?......

JULIE.

Sois tranquille, je n'oublie rien, moi.

IRMA *(à sa sœur d'un ton moqueur).*

Ah! ce n'est pas sûr.

CHARLOTTE *(de même).*

Témoin ce jour où elle avait oublié de recoudre ses gants et de prendre son mouchoir brodé, quand elle vint à notre soirée.

LUCIE *(qui pendant ces mots semblait chercher quelque chose).*

Ah! voilà enfin mes ciseaux. Vous dites donc qu'il faut couper tout ceci au corsage de ma robe?

IRMA.

Oui.

LUCIE.

Ma sœur et Mme Henri diraient sans doute qu'elle sera trop décolletée; mais tant pis.... d'ailleurs je ne compte pas les consulter.

IRMA.

Et vous ferez bien : pourquoi n'ont-elles pas de goût. Mais voilà l'heure qui s'écoule, allons faire tous nos préparatifs.

CHARLOTTE.

Oui, tâchons d'être bien belles pour faire enrager toutes les demoiselles qui viendront à notre soirée.

LUCIE.

Eh! mais, bien obligée.

CHARLOTTE.

Ah! je ne dis pas cela pour vous, ma chère.

IRMA.

Allons, viens-tu, Charlotte? *(En s'en allant, elle semble s'arrêter devant une croisée.)* Tiens, tiens, regarde donc les locataires du second qui reviennent de la promenade. Mlle Emma qui a une robe bleue et une écharpe verte : Ah! ce goût, ce goût! dorénavant je l'appellerai *Mlle Vertubleu.*

####### LUCIE.

Et moi Mlle *Perroquet*, avec son chapeau à *fleurs jaunes*. Quel dommage que ces dames n'aient pas accepté notre invitation, comme nous aurions ri de leurs toilettes!....

####### IRMA.

Viens donc, viens donc. A ce soir, Lucie. (*Elles sortent.*)

SCÈNE III.
LUCIE, ENSUITE JULIE.

####### LUCIE.

Elles sont un peu moqueuses, nos chères voisines, mais comme elles ont de l'esprit! Mlle *Vertubleu!* Mlle *Perroquet!* sont-ils jolis ces mots!

####### JULIE (*revenant*).

Javotte est partie, elle va m'apporter mon ruban, et nous allons vite nous mettre à travailler.

####### LUCIE.

Mais nos versions ne seront pas faites quand Mme Henri viendra.

####### JULIE.

C'est égal. Décidément je ne veux plus me gêner avec elle ni avec ma sœur; je leur dirai tout bonnement que nous voulons aller à cette soirée et nous irons, sans nous en cacher comme nous l'avons déjà fait. Après tout, nous ne sommes plus des petites filles.

####### JULIE.

C'est vrai, c'est vrai. Eh bien! ne cachons pas nos robes.

SCÈNE IV.

LES MÊMES, LA VIEILLE MARGUERITE, *marchant avec un bâton et appuyée sur le bras de* SOPHIE, *puis* LAURETTE.

####### SOPHIE.

Viens par ici, ma pauvre Marguerite : tu seras bien plus

galment que dans ta chambre. Laurette approche un fauteuil.

MARGUERITE.

Ah! que vous êtes bonne, ma chère demoiselle! Quand je me désespérais d'avoir passé une si mauvaise nuit, et de me voir clouée dans mon lit comme une grande *feignante*, vous êtes venue me consoler comme un ange du bon Dieu, vous m'avez aidée à m'habiller comme si j'étais votre enfant, vous.....

SOPHIE.

Et je n'ai fait que mon devoir, chère bonne.

MARGUERITE.

Aïe! aïe! que la jambe me fait mal.

JULIE (à Lucie).

Ça va être bien amusant de la voir installée ici !

LAURETTE.

Tiens, Marguerite, mets ta jambe sur ce petit tabouret, tu souffriras moins.

MARGUERITE.

Aussi bonne, aussi prévenante que sa sœur aînée! Merci, mon bijou. (*Elle chante.*)

Quand je vous te-nais dans mes bras
Ou bien que je gui-dais vos pas
Hé-las! je ne me dou-tais pas qu'un

SCÈNE V.

Les Mêmes, Mme HENRI.

Mme HENRI.

Eh bien ! mes amies : les devoirs sont-ils faits?

MARGUERITE.

Je ne sais si Mlle Julie et Mlle Lucie ont fini les leurs; mais pour Mlle Sophie et ma petite Laurette, je ne crois pas qu'elles aient pu les faire : elles ont tant été occupées au ménage et après moi. Dame! ma petite-fille est encore bien novice, c'est si jeune! et moi, je ne puis me remuer en ce moment.

LAURETTE.

Sois tranquille, ma bonne : ma sœur a toujours la puce à l'oreille, elle m'a fait lever de bonne heure, elle m'a dicté mon verbe et a fait son thème. (*Regardant ses autres sœurs.*) Ah! nous ne sommes pas paresseuses, nous! Voici nos devoirs.

Mme HENRI.

C'est bien, mon enfant. Et vous, Mesdemoiselles?

LUCIE.

Oh! nous n'avons pas eu le temps de tenir la plume aujourd'hui.

JULIE.

Et nous ne pourrons encore le faire : nous avons trop à travailler.

Mme HENRI.

Mais je ne vous comprends pas : qui peut vous donner du travail, puisque moi seule suis chargée de ce soin?

JULIE.

Vous saurez, Madame, que Lucie et moi sommes décidées à aller à la soirée que donnent nos voisines, et que les petits apprêts..... que cela nous.....

Mme HENRI.

Comment, Mesdemoiselles, malgré mes représentations sur le danger d'une semblable liaison!.....

MARGUERITE.

Et vous avez bien raison, Madame : ce sont des coquettes, des moqueuses, des pas grand'chose que ces jeunesses-là.

JULIE.

Si vous vouliez bien vous taire, Marguerite.

LAURETTE.

Ah! Julie, tu vas faire du chagrin à notre pauvre bonne de lui parler ainsi.

JULIE.

Pourquoi se permet-elle de mépriser nos amies.

Mme HENRI.

Comment pouvez-vous appeler vos amies celles qui vous détournent continuellement de vos études, et qui vous empêchent de vivre en bonne intelligence avec votre sœur ainée, aussi bien que Marguerite m'a dit que vous le faisiez autrefois?

NOTA.— Comme Mme Henri ne dit plus rien pendant quelques scènes elle s'assied devant une table où elle est censée corriger les devoirs des sœurs qui ont travaillé ou lire quelque ouvrage, mais on voit qu'elle écoute tout ce qui se dit.

MARGUERITE.

Ah! bien sûr, c'est depuis ces belles connaissances qu'elles se permettent d'appeler ma bonne demoiselle Mlle la Sagesse, Mlle l'Embarras, Mlle la.....

SOPHIE.

Laisse donc, laisse donc, Marguerite, c'est pour rire que mes sœurs disent tout cela.

JULIE.

Non, ce n'est pas pour rire. Apprends, Sophie, que pour un an que tu as de plus que moi, je n'entends pas que tu veuilles être ma maîtresse, ni celle de Lucie, qui a autant d'esprit que toi.

SOPHIE.

Mais en quoi prétends-tu que je veuille vous maîtriser.

LUCIE.

Quand tu te permets de refuser pour nous, comme pour toi, l'invitation qui nous est faite....

SOPHIE.

N'ayant plus de mère, papa étant absent, j'ai cru devoir prendre l'avis de Mme Henri, qui est notre véritable amie.

JULIE.

Parce que Madame nous donne les leçons que mon père lui paie, je ne vois pas que ce soit à elle à diriger notre conduite.

SOPHIE.

Est-il possible que tu parles ainsi, Julie?

LAURETTE.

Ah! que c'est malhonnête! que c'est malhonnête!

SCÈNE VI.

Les Mêmes, JAVOTTE *tenant quelque chose dans son tablier*

Bonjour, Messieurs, Mesdames, me v'la revenue avec tout mon butin.

LAURETTE *(riant)*.

Dis donc, Javotte, où sont-ils donc les Messieurs?

JAVOTTE.

Ça se dit tout de même, dans *not' pays*. C'est par politesse. (*A Sophie.*) T'nez, Mamzelle, *c'est-i ben c' que* vous vouliez? (*Elle lui donne un gros jupon et des bas de laine.*)

SOPHIE.

Parfait, mon enfant. Tiens, ma bonne Marguerite, voilà un antidote contre les rhumatismes.

MARGUERITE.

Oh! nenni, je n'en veux point, je n'en veux point : ça coûte trop cher ces objets là.

SOPHIE.

Mais puisque cela ne te coûtera rien. C'est de ma bourse que je compte payer ces emplettes. Tu sais bien qu'en partant papa nous a donné de l'argent pour acheter ce que nous voudrions. J'ai voulu acheter cela, moi.

LUCIE (à Julie).

Qu'elle est sotte! au lieu d'acheter de jolies robes comme nous.

MARGUERITE.

Que vous êtes bonne! vous me traitez ni plus ni moins que votre grand'mère.

SOPHIE.

N'as-tu pas été la nourrice de notre pauvre maman, et notre seconde mère à nous?

JAVOTTE (à Julie et Sophie).

Mesdemoiselles, v'la aussi les emplettes que j'ai faites pour vous. Vous ne direz pas cette fois que je suis sotte. J'ai demandé une pièce de petit ruban rose. V'la-t-il pas qu'on voulait me la faire payer quarante sous; mais pas si bête, moi. J'ai vu *c'te* pièce là qu'est du même rose, pas vrai? Eh bien! je ne l'ai payée que huit sous.

JULIE.

Voyons? Oh la sotte! la niaise! la triple sotte! Elle nous apporte du petit ruban de fil, avec lequel on ficelle les paquets ou les rouleaux de papier.

Comment veux-tu que je mette cela au bas d'une robe de bal.

JAVOTTE.

Mais puisque c'est par le bas, ça ne se verra pas.

JULIE.

Tais-toi, tu n'es qu'une imbécile.

MARGUERITE.

Vois-tu, ma fille, quand on te dit d'acheter quelque chose, on demande si c'est en soie, en fil ou en coton.

JAVOTTE.

Aussi on ne m'avait pas dit en *d' quoi*. Mademoiselle Sophie m'a demandé un jupon et des bas de laine, moi j'ai apporté le tout en laine.

LUCIE.

Sans doute, tu connais ça : quand on n'a jamais gardé que des moutons......

JAVOTTE.

Voyons, rendez-moi cette pièce de malheur, *j'vas* la rechanger. Eh! *ben*, faut-il que l'autre soit en coton, ou en laine?

JULIE.

Mais en soie, te dis-je. Et nos deux châtelaines, du moins, les as-tu?

JAVOTTE *(d'un air sûr d'elle)*.

Ah! j'crois bien, et d'autres avec.

JULIE.

Comment! d'autres avec?

JAVOTTE.

V'là : j'en demande deux belles comme vous m'aviez dit. On me dit je n'en vends pas pour si peu. On me les met dans une sorte de *p'tit* tonneau......

LUCIE.

Nos châtelaines dans un tonneau!......

JAVOTTE *(continuant)*.

Il en entre six ou huit.

JULIE.

Que veut-elle dire?

JAVOTTE *(toujours continuant)*.

Je donne un sou et je dis : bon, le reste *s'ra* pour Mademoiselle Laurette. Tenez, Mesdemoiselles : voilà vos deux belles châtaignes (*à Laurette*), à vous le reste, bonne *petiote*.

LAURETTE.

Merci, merci, Javotte, ce sont les premières de l'année.

JULIE.

Oh! la stupide! elle a entendu des châtaignes.

JAVOTTE.

Quoi donc que vous m'avez dit d'aller chercher au coin d' la rue?

LUCIE.

Mais du ruban et nos deux châtelaines. Dans le beau magasin qui fait le coin.

JAVOTTE.

Dame! moi, *j'ne* connais pas des châtelaines. J'ai cru que vous vouliez dire châtaignes; car vous ne prononcez pas les mots à Paris comme dans mon pays.

LUCIE.

En effet, nous ne parlons pas français comme une vache espagnole.

JULIE.

Allons, retourne bien vite dans le beau magasin et demande les deux châtelaines que nous avons choisies hier, et une pièce de petit ruban de soie du même rose que ceci. Entends-tu bien cette fois, petite sotte.

JAVOTTE.

Oui, oui, du ruban de soie, et deux *châteraines*.

LUCIE.

Châtelaines on te dit : Ah! quel oison!

JULIE.

Décidément, il y a de quoi perdre patience et j'écrirai à mon père que cela ne peut marcher ainsi.

MARGUERITE.

Mon Dieu! faut-il que je sois impotente comme une vraie patraque!

SOPHIE.

De la patience, Julie : voilà Javotte qui sait déjà mieux faire la cuisine.

JULIE.

Oui. Témoin ce jour que nous lui disons de nous faire une crème au café, et que pour la faire prendre, elle y met de la fressure!......

SOPHIE.

Elle ne connaissait pas d'autre crème que celle de sa laiterie; mais à présent que je lui ai montré comment il fallait faire, elle ne s'y est plus trompée.

LAURETTE.

Pour moi, je sais que je me suis bien régalée de la crème à la vanille que tu lui as fait faire hier.

JULIE.

Supposons qu'avec ton secours elle parvienne à nous faire à peu près la cuisine : est-ce bien amusant, de ne pouvoir se faire comprendre et d'avoir à son service une fille qui ne fait à tout instant que des balourdises?

SOPHIE.

Mais c'est quelques mois seulement à passer comme cela : pendant ce temps Javotte s'instruira, notre bonne Marguerite se guérira, et tout ira à merveille.

MARGUERITE.

Oh! je guérirai! ce n'est pas sûr, ma bonne demoiselle. Tenez, je ne veux pas être cause de tous ces démêlés : faites-moi conduire à l'hôpital, prenez une autre domestique, et renvoyez Javotte au pays.

SOPHIE.

Que dis-tu, ma chère bonne?

JULIE.

Marguerite a raison; car notre tante qui doit arriver sous peu est habituée à être bien servie. Comment veux-tu qu'elle s'accommode de cet ordre de choses?

SOPHIE.

Sois tranquille : je pourvoirai à tout. Grâce à la cuisinière bourgeoise, Javotte et moi savons déjà faire nombre de bons petits plats.

LAURETTE.

Oui, oui, nous saurons bien régaler ma tante.

JULIE (*toujours à Sophie*).

Ah! s'il te plaît de faire la *maritorne* et de te montrer à elle la lardoire en main et le tablier de cuisine devant toi, c'est ton affaire.

LUCIE.

Pour nous, nous aimons mieux lui tenir compagnie et aller dans les cercles avec elle.

MARGUERITE (*à Sophie*).

Vous le voyez, ma chère enfant, je vous serai, en effet, trop importune. Vous ne devez pas, à force de bonté, vous voir dédaigner par votre riche parente.

Mme HENRI.

Et qui vous dit, ma chère, qu'elle dédaignerait Sophie à cause de cela?

MARGUERITE.

Hélas! c'est possible, Madame; les gens du grand monde jugent souvent sur l'écorce. Non, je ne veux pas que ma bonne demoiselle, si bien faite pour charmer sa tante par tous ses talents, se relègue à cause de moi dans la cuisine. Dès demain je me ferai conduire à l'hôpital.

LAURETTE (*pleurant*).

Non, tu n'iras pas là : je ne veux pas que tu sois pauvre et malheureuse, toi. Ma sœur, bien sûr, ne le veut pas : n'est-ce pas, Sophie?

SOPHIE.

Non, assurément. Console-toi, ma Laurette : papa non plus ne le voudrait pas. (*Elle chante.*)

ans, Veut le soi - gner dans les vieux

ans.

JULIE.

Eh mais! sans abandonner complétement cette bonne femme, ne pourrait-on lui envoyer toutes sortes de douceurs à l'hôpital?

SOPHIE.

Oui, mais ces soins du cœur si doux, qu'est-ce qui les lui donnerait?

JULIE.

Des religieuses donc : elles ne sont pas nommées sœurs de Charité pour rien.

LAURETTE.

Oui, on dit qu'elles sont bien bonnes; mais elles n'auraient pas le temps de caresser Marguerite et de la faire rire, comme nous le faisons souvent nous deux ma Sœur : pas vrai, Sophie?

MARGUERITE.

Bien sûr que quand je ne vous verrai plus tous les jours, mes deux petits anges du bon Dieu, je serai bien triste, bien à plaindre; mais c'est égal, je ne veux plus rester ici : il est trop dur de penser qu'il y a des personnes qui m'y verraient à contre-cœur. Ah! si je n'avais pas envoyé presque tous mes gages à mes pauvres enfants, je n'aurais pas recours aujourd'hui à la charité des autres.

JULIE (à part).

Ah! que c'est ennuyeux d'entendre toutes ces jérémiades! Et Javotte qui ne revient pas...... La voici pourtant.

SCÈNE VII.

Les Mêmes, JAVOTTE.

Bonjour, Mesdames et la compagnie (*à Laurette*) : C'est-i bien dit cette fois ?

JULIE.

En voilà assez de tes politesses, donne-moi mon ruban.

JAVOTTE.

T'nez..... Bon! v'là que j'tire ma botte de carottes.

JULIE.

Allons! ne voilà-t-il pas qu'elle a mis mon ruban rose sous ses légumes !...... ah! la maladroite !

JAVOTTE.

Soyez tranquille, allez, pas si bête, moi. Je l'ons fait mettre dans un beau petit carton qu' j'ai demandé par d'sus l'marché.

LAURETTE.

Mais pourquoi as-tu donné d'abord ta botte de carottes ?

JAVOTTE.

Pour rire donc. (*Plus bas.*) Et pour voir *c'qu'alles diriont.* (*Haut.*) Eh! bien, *C'est-i ben c'te* fois ?

JULIE.

Oui, pas mal.

JAVOTTE.

Ah! c'est tout-à-fait bien ; le marchand l'a dit quand même.

LUCIE.

Oui, fie-toi toujours au marchand !......

JAVOTTE (*à Sophie*).

Maintenant je vons faire ma cuisine comme vous m'l'avez dit : Vous verrez qu' vous vous en lècherez les doigts, Mesdemoiselles.

SOPHIE.

Surtout, n'oublie pas la tisane de Marguerite.

JAVOTTE.

Oh! non, je *n'l'oublierons* pas. (*La regardant.*) Eh! bien, qu'est-ce qu'alle a donc cette pauvre grand'mère? alle est plus triste que *d'acoutumance*. Allons, une *p'tite* risette pour *m'donner* du cœur à l'ouvrage.

MARGUERITE.

Travaille bien, travaille bien, ma fille, va, ça ne sera pas pour longtemps......

JAVOTTE.

Tiens, qu'est-ce qu'alle veut donc dire ma grand'mère? (*Elle chante moitié pleurant.*)

Air : *Tout ça passe, tout ça passe avec le temps.*

Allegro moderato.

Veut-on m'don-ner mon con - gé Las! pour quel - ques ba - lour - di - ses? Vous a- vez donc pré - ju - gé Qu'en moi tout n'est que sot - ti-

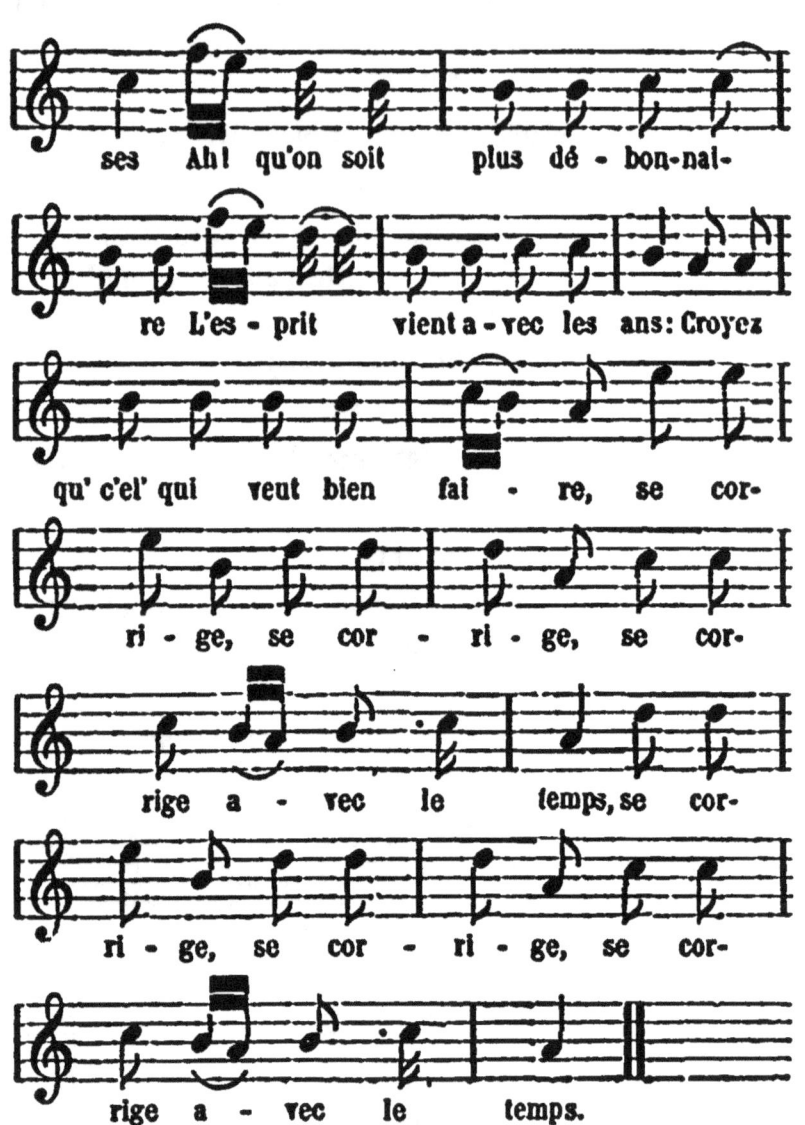

SOPHIE.

Ne pleure pas, Javotte, va, tu n'es pas encore partie.

LAURETTE.

Je vais t'aller aider à ta cuisine et tout ira bien, tu verras.

SCÈNE VIII.

Les Mêmes sans JAVOTTE et LAURETTE.

JULIE.

Si tu as fini d'arranger ton corsage, tu vas m'aider à ma garniture, Lucie, car je suis bien en retard.

LUCIE.

Merci, je suis lasse, et puis j'ai d'autres préparatifs à faire.

Mme HENRI.

Voilà des sœurs bien obligeantes l'une pour l'autre. Ah! ça, Mesdemoiselles, c'est donc un plan arrêté? Vous comptez donc toujours aller à cette soirée?

JULIE.

Assurément, Madame.

LUCIE

Oui, c'est un point arrêté, nous avons promis.

MARGUERITE.

Miséricorde! qu'elles sont entêtées!

SOPHIE.

Mes sœurs, renoncez donc à cette fantaisie, je vous en prie! Si notre père savait que vous désobéissez à Madame, il ne vous le pardonnerait pas.

JULIE.

Désobéir! Madame nous donne des leçons de langue, de piano, hors de là, elle n'a rien à nous ordonner.

Mme HENRI.

Mais vous oubliez donc qu'en partant mon..... Monsieur votre père vous a recommandées à mes soins; que s'il y avait eu place ici pour me loger, je serais venue m'installer avec vous, et que vous auriez été spécialement sous ma gouverne.

JULIE.

Enfin, Madame, ce n'est pas ainsi ; nous ne sommes plus d'ailleurs des petites filles et nous ferons ce que nous voulons.

LUCIE.

Apprenez aussi que nous avons une tante fort riche, que nous désirons lui plaire, et que pour cela il faut que nous nous formions à la belle société.

Mme HENRI.

Il est possible que la vôtre ne lui conviendrait pas : c'est une bonne société qu'elle vous désirerait, j'en suis sûre.

LUCIE.

Belle ou bonne ! elle sera charmée sans doute de voir qu'on nous recherche, et que nous sommes capables de lui faire honneur dans le monde.

JULIE.

N'a-t-elle pas écrit à Papa que n'ayant pas d'enfants, elle voulait adopter deux de nous pour être ses filles. Or, une dame lancée comme ma tante doit préférer celles de ses nièces dont les goûts et le genre se rapportent aux siens. Tant pis pour Sophie, si elle ne veut être qu'une espèce de Cendrillon, ce n'est point notre faute.

SOPHIE.

Moi, je souhaite beaucoup voir ma tante, n'est-ce pas la sœur de mon père dont il regrette d'être séparé depuis dix-huit ans ? Mais désirer lui plaire pour qu'elle m'emmène loin de lui, non, non : je veux soigner ses vieux ans et ceux de ma bonne Marguerite ; je veux toujours veiller sur ma petite sœur : je l'ai promis à Maman.

MARGUERITE.

L'excellente enfant ! Dieu la bénisse !

Mme HENRI (à *Julie et à Lucie*).

Mesdemoiselles, renoncez-vous oui ou non à ce bal où je ne trouve pas à propos que vous alliez seules, et en compagnie de jeunes filles que je regarde comme fort mal élevées ?

JULIE.

Nous vous l'avons dit, Madame, nous sommes déterminées à y aller, et nous irons.

Mme HENRI.

En ce cas, je renonce à m'occuper de vous davantage : je ne reviendrai plus ici, mesdemoiselles.

SOPHIE.

Quoi ! Madame, vous m'abandonnez ainsi que ma pauvre Laurette ?

JULIE.

Le grand mal ! manque-t-il de maîtresses d'anglais et de piano ?

SOPHIE (*pleurant*).

Mais nous aimons Mme Henri, ma petite sœur et moi, nous n'aimerons jamais autant une autre maîtresse.

Mme HENRI.

Adieu, ma Sophie (*lui serrant la main*); je reviendrai vous voir, vous. (*Elle sort.*)

SCÈNE IX.

Les Mêmes.

SOPHIE.

Ah ! mes sœurs qu'avez-vous fait ?

MARGUERITE.

Voici une belle équipée..... Que dira votre papa quand il reviendra ?

JULIE.

Oh! nous lui écrirons : il comprendra bien nos raisons.

LUCIE.

Cependant, ma sœur, s'il allait se fâcher..... ça m'épouvante, moi.

JULIE.

Bah! s'il nous fait froide mine au retour; nous agirons comme Irma et Charlotte le font avec leurs parents, et nous l'aurons bien vite apaisé.

LUCIE.

Oui, mais s'il ne veut pas nous écouter?.....

Ah! bien, tu prendras tout sur ton compte : je lui dirai que ce n'est pas ma faute, à moi.

JULIE.

Comme si tu ne t'étais pas montrée aussi opiniâtre que moi.

LUCIE.

Oui, mais les mots piquants que tu as dit?...

SCÈNE X.

Les Mêmes, IRMA et CHARLOTTE *très-parées.*

MARGUERITE.

Ah! voilà les pimbêches qui sont cause de tout.

IRMA.

Eh bien! vous n'avez pas encore commencé votre toilette, tenez; voilà la nôtre déjà terminée.

JULIE.

Ah! c'est que nous avons eu une grande explication avec Mme Henri.

MARGUERITE.

Oui, elle a produit un bel effet cette explication.

CHARLOTTE.

Et comment cela s'est-il passé?

JULIE.

Oh ! j'ai montré du caractère, allez.

MARGUERITE (entre ses dents).

Un beau caractère, vraiment !...

LUCIE.

Il en résulte que Mme Henri est partie et ne veut plus revenir.

IRMA.

Tant mieux, vous aurez une autre Maîtresse plus convenable.

SOPHIE.

Plus convenable ! Apprenez, Mesdemoiselles, que Mme Henri a vertus et talents : tout ce qu'on peut désirer.

LUCIE.

Pour moi, ce dont j'ai peur c'est que Papa.....

CHARLOTTE (riant).

Ah ! la pauvre petite fille qui craint d'être grondée par son papa ! Ah !... Ah !... Ah !...

MARGUERITE.

Eh bien ! quand elle en aurait peur : n'est-ce pas son devoir ? (*Elle chante*).

Air : *Mes enfants tout dégénère*, ou *La dernière Marquise*.

    Mes enfants tout dégénère
    Croyez-en une grand'mère,
    Autrefois les enfants
    Craignaient bien mieux leurs parents.

    Jamais, jamais la jeune fille
    N'aurait osé de sa famille
    Mépriser l' pouvoir un seul jour :
    Elle lui portait trop d'amour.

Devant les cheveux blancs, elle baissait la tête
Tant sa mise et son port était modeste, honnête ;
Ne résonnait jamais à plus sage que soi;
D'écouter, d'obéir se faisait une loi.
Point d'affiquets mondains, sa seule modestie
La rendait à chacun plus belle et plus jolie.

NOTA. — Comme cet air est peu connu, voilà un autre couplet qu'on pourrait substituer au premier si l'on ne peut pas avoir la musique de celui-ci.

Air : *Une Fille est un Oiseau.*

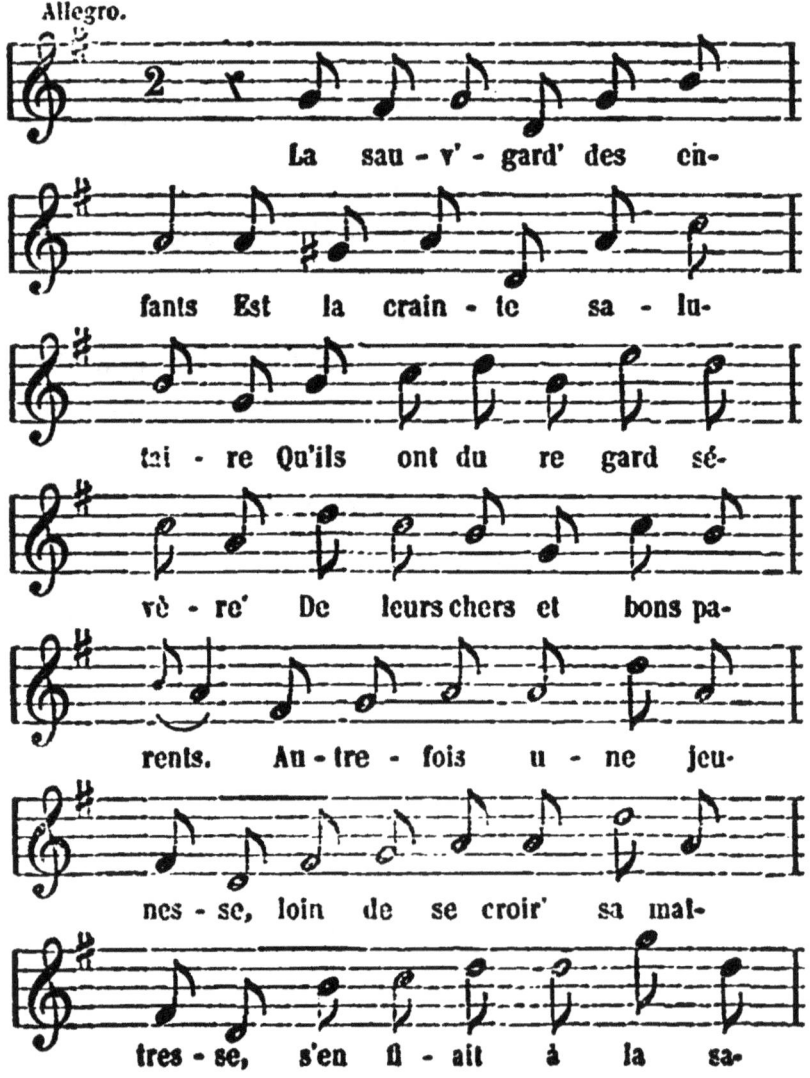

La sau-v'-gard' des en-fants Est la crain-te sa-lu-tai-re Qu'ils ont du re gard sé-vè-re' De leurs chers et bons pa-rents. Au-tre-fois u-ne jeu-nes-se, loin de se croir' sa maî-tres-se, s'en fi-ait à la sa-

LA TANTE INCONNUE.

ges-se De ses a-mis si pru-dents. Elle en é-tait plus char-man-te. Croy-ez-en vo-tre ser-van-te, Qui sut plai-re dans son temps. Qui sut plai-re dans son temps.

Deuxième couplet du premier air.

De mon temps, je l'avoue, on aimait s'amuser ;
Mais non pas, non jamais à médire, à gloser.
On se parait, mais non avec tant de rubans,
Et l'on charmait les yeux comme la fleur des champs.

CHARLOTTE *(à sa sœur).*

Dis donc, de tous ses agréments d'autrefois, elle a de bien beaux restes la bonne femme !.....

MARGUERITE *(continuant son refrain).*

Mes enfants, tout dégénère,
Croyez-en une grand'mère :
Autrefois les enfants
Craignaient bien mieux leurs parents.

SCÈNE II.

LES MÊMES, LAURETTE *accourant.*

Mes sœurs, mes sœurs, une belle voiture qui vient de s'arrêter à la porte, et un domestique tout galonné qui a demandé au concierge si Mlles Albert étaient ici !...

SOPHIE.

Tiens, qui cela peut-il être?

JAVOTTE (survenant).

Madame Evrard, mesdemoiselles.

TOUTES LES JEUNES FILLES.

Ah ! ma tante ! ma tante !

LUCIE.

Julie, si nous allions mettre nos robes pour nous présenter plus convenablement ?

JULIE.

Oui, oui, en charmant ses yeux, nous parviendrons plus vite à son cœur.

MARGUERITE (se levant).

Ma bonne Sophie, je vais me retirer, aide-moi, Javotte. (*Au moment où Julie et Lucie emportent leurs robes, et que Marguerite et Javotte vont pour sortir, paraît Mme Henri richement habillée. Surprise générale*).

JULIE ET LUCIE (se reculant stupéfaites, disent :)

Mme Henri ! Ciel ! Mme Henri !

SOPHIE ET LAURETTE (courant à elle).

Mme Henri ! ma chère Madame Henri !

Mme HENRI.

Mme Henri Evrard, votre tante, mes enfants ; votre mère à toutes deux, mes chères filles. (*Elle prend la main de Laurette et presse Sophie sur son cœur de son autre bras.*)

Julie et Lucie se jettent sur un siége, chacune désespérée.

LUCIE.

Ciel ! qu'avons-nous fait ?...

JULIE.

Ah ! malheureuses voisines, c'est vous qui nous avez conseillées.....

Mme HENRI.

Eh ! quoi, ma chère Marguerite, vous vous retiriez à mon approche? Ce n'est pas à vous qui avez servi de mère à ces enfants, à déserter cette maison ; c'est à celles qui sont venues y apporter le désordre et la rébellion.

CHARLOTTE à *Irma*.

Sauvons-nous, ma sœur, il ne fait pas bon pour nous, ici.

IRMA.

Eh bien ! viens, je n'ai pas plus envie de connaître Madame Evrard, que Madame Henri.

MARGUERITE.

Les malhonnêtes !.....

Mme EVRARD.

Et voilà les amies que vous vous étiez choisies, mesdemoiselles !

JULIE ET LUCIE.

Ah ! ma tante, pardonnez-nous.

SOPHIE.

Ma bonne tante, excusez leur erreur.....

Mme EVRARD.

Ma fille, je sais qu'elles sont mes nièces et je m'intéresse à elles ; aussi dès demain elles entreront dans une maison où l'on s'occupera particulièrement de soigner leur moral, cela est convenu avec votre papa.

Vous savez que je suis veuve, je voulais trouver des filles selon mon cœur pour me consoler, mais non des caractères difficiles à former. J'ai trouvé deux enfants tels que je les voulais ; mais rassure-toi, Sophie, je ne veux te séparer ni de ton père ni de ta bonne Marguerite. Je viens vivre avec vous, cela te convient-il ?

SOPHIE.

Ah ! bonne tante, retrouver une mère, n'est-ce pas retrouver le bonheur ? Mais Julie, mais Lucie ?...

Mme EVRARD.

Viendront un jour se réunir à nous, si, rentrant en elles-mêmes, elles veulent acquérir les vertus qui peuvent embellir le foyer paternel, et les faire aimer.

Air : *Partant pour la Syrie.*

Andante.

Ce n'est point leur pa- ru - re Qui pour-ra me char-mer, Ni leur bel - le tour - nu - re Me les fai - re ai - mer. Pour ga-gner ma ten-dres - se, Oui, le seul don vain-queur, Je le dis sans fi- nes - se, C'est

DEUXIÈME COUPLET.

Jamais, jamais le monde
Ne cultive un tel don;
Mais l'étude profonde
De la religion
Respect à la vieillesse
Assistance au malheur,
Nous dit-elle sans cesse
Pour former notre cœur. } (Bis.)

TROISIÈME COUPLET.

Ecoutez sa doctrine,
Et croyez que la fleur
Ne plaît que sans l'épine
Et par sa douce odeur.
Devenez simples, bonnes,
Oui, pour votre bonheur.

(Serrant la main de Sophie et de Laurette.)

Voyez, jeunes personnes : } (Bis.)
Le cœur gagne le cœur.

DIALOGUE ET COUPLETS

POUR LA

FÊTE D'UNE INSTITUTRICE

DIALOGUES & COUPLETS

POUR LA

FÊTE D'UNE INSTITUTRICE

A LA DISTRIBUTION DES PRIX

AVEC MUSIQUE

PAR

Mme MANCEAU

Maîtresse de Pension à Paris

SECONDE ÉDITION

PARIS

VICTOR SARLIT ET Cie, LIBRAIRES-ÉDITEURS

Rue de Tournon, 19

DIALOGUE ET COUPLETS POUR LA FÊTE D'UNE INSTITUTRICE

PERSONNAGES.

VIRGINIE,
SOPHIE,
EUGÉNIE,
CONSTANCE, } grandes élèves d'abord seules.
ELÉONORE,
AMÉLIE,
LOUISE,

EMMA,
ADÈLE, } moyennes élèves.
MARIE,
ROSE,

LUCIE, } plus petites.
BERTHE,

DIALOGUE ET COUPLETS

POUR LA

FÊTE D'UNE INSTITUTRICE

Le jour ou peu de jours avant la Distribution des Prix.

VIRGINIE.

Quel plaisir nous allons avoir, mes bonnes amies.

SOPHIE.

Ah! ce n'est pas sûr : toutes malheureusement n'auront pas des prix.

EUGÉNIE.

Assurément les bonnes travailleuses doivent seules en obtenir.

VIRGINIE.

Mais je ne veux pas parler des prix.

SOPHIE.

Et de quoi donc?

CONSTANCE.

Quoi! ton cœur ne te le dit pas?

AMÉLIE.

Ah! le mien m'en a avertie, et mon almanach aussi, c'est là ce qui m'enchante.

SOPHIE.

Oh! dites-le moi, mes bonnes amies, je vous en prie?

CONSTANCE.

Oui, oui, il faut que tu te réjouisses comme nous.

VIRGINIE.

Eh bien! c'est aujourd'hui que nous célébrons la fête de notre chère institutrice, de notre seconde mère.

SOPHIE.

Etourdie que je suis! comment ai-je pu l'oublier? Ce sont les vacances prochaines auxquelles je pense sans cesse qui bouleversent toutes mes idées : Madame a bien raison de dire que ma tête est trop légère : un rien la fait tourner.

AMÉLIE.

Va, va, console-toi, si ta tête est légère ton cœur ne lui ressemble pas : nous le savons.

SOPHIE.

Aussi, dorénavant, je n'écouterai que lui, et je laisserai ma tête de côté.

LOUISE.

Ah! ça, chères compagnes, parlons donc de notre intéressante affaire.

AMÉLIE.

Oui, comment fêterons-nous notre digne amie?

SOPHIE.

Ecoutez : elle va nous donner des prix; il faut lui en offrir nous-mêmes comme à l'une des meilleures institutrices.

TOUTES.

Elle le mérite bien.

CONSTANCE.

Eh bien! lequel choisirons-nous?

LOUISE.

Oh! un bel in-folio illustré, doré de tous côtés, avec cet écusson : *à la meilleure amie, ses élèves reconnaissantes.*

AMÉLIE.

Ah! nous ne sommes pas assez riches : moi, d'abord, j'ai dépensé tout mon argent pour les belles pantoufles que j'ai faites à maman.

VIRGINIE.

Moi, pour le fauteuil en tapisserie que j'ai brodé pour ma grand'mère.

SOPHIE.

Moi, pour le col destiné à ma tante, lequel j'ai fait garnir de valencienne.

SOPHIE.

Moi, pour le papier destiné à mes cartes de géographie qu'il m'a fallu toutes recommencer : je suis si étourdie!

AMÉLIE.

Ah! quel malheur d'avoir ainsi nos bourses à sec!

EUGÉNIE.

Quand nous aurions la fortune de Crésus, et les plus beaux dons à offrir à notre amie, cela ne la toucherait pas.

Air: *De la Pipe de Tabac.*

En vain nous pla-ce-rions près d'el-le Des biens du Pé-rou la moi-tié, Ce n'est que l'a-mi-tié fi-dè-le Qui peut ac-quit-ter l'a-mi-tié. Lors-que nous re-ce-vons sans

ces-se ses soins si doux et si tou-chants, Les seuls prix dus à sa ten-dres-se Sont les cœurs de tous ses en-fants.

LOUISE.

Tu as raison ; mais depuis longtemps ils sont à elle : nous ne lui donnerions rien de nouveau.

SOPHIE.

Si nous connaissions un livre bien simple, peu coûteux, qui traitât de la tendresse des enfants envers leurs maîtres ou leurs maîtresses, nous aurions sans doute assez d'argent entre nous pour l'acheter : nous le lui donnerions et elle penserait à nous.

CONSTANCE.

Je n'en connais pas ; mais tâchons d'en faire un.

EUGÉNIE.

Moi, j'y inscrirais les belles paroles de Philippe à Aristote le jour de la naissance d'Alexandre : J'ai un fils et je remercie moins les dieux de me l'avoir donné que de l'avoir fait naître du temps d'Aristote.

VIRGINIE.

Moi les paroles d'Alexandre lui-même à son digne précepteur : Je dois à Philippe, mon père, le bonheur de vivre, et à vous celui de vivre bien.

DIALOGUE ET COUPLETS.

CONSTANCE.

Moi, j'écrirais sur notre livre tous les bons préceptes, tous les tendres enseignements de notre digne amie, pour preuve que je les ai bien retenus.

EUGÉNIE.

Eh bien! essayons.

ÉLÉONORE.

Ah! oui, en un jour: il serait gros notre volume!

CONSTANCE.

Au fait, nous mettrions un an à le faire, nous trouverions toujours quelque chose à dire: il ne serait jamais fini.

LOUISE.

Allons, nos cœurs suffiront à tout. *(Elle chante.)*

Air : *De Dorilas.*

Sou - vent pour prix on donne un li - vre Qu'un rien bien - tôt peut ef-fa-cer, Mais l'a - mour où le cœur se li - vre Doit tou-jours y res - ter tra-

ÉLÉONORE.

Tâchons donc de les lui peindre en nous exprimant le mieux possible.

DIALOGUE ET COUPLETS.

SOPHIE.

Eh bien! commence, Virginie, tu es la plus grande; et quant à moi je ne me sens pas assez d'éloquence pour me charger de porter la parole.

AMÉLIE.

Ni moi non plus. *(Elle chante.)*

Air : *Gusman ne connaît pas d'obstacles.*

Andante.

Comment puis-je faire comprendre Tout ce que pour elle on ressent: Il n'est pas de terme pour rendre Ce sentiment reconnaissant. Nous avons bien raison de craindre De mal exprimer notre amour. Un seul jour suf-fit-il pour pein-dre Ce que nous sen-tons cha-que jour? Un seul jour suf-fit-il pour pein-dre Ce que nous sen-tons cha - que jour?

Toutes les petites arrivent avec de très-gros bouquets, en dansant et chantant.

Air: *Bon voyage, cher Dumollet.*

Allegro.

Tou-tes, nous ar-ri-vons gai-ment Pour embras-ser et fê-ter notre a-

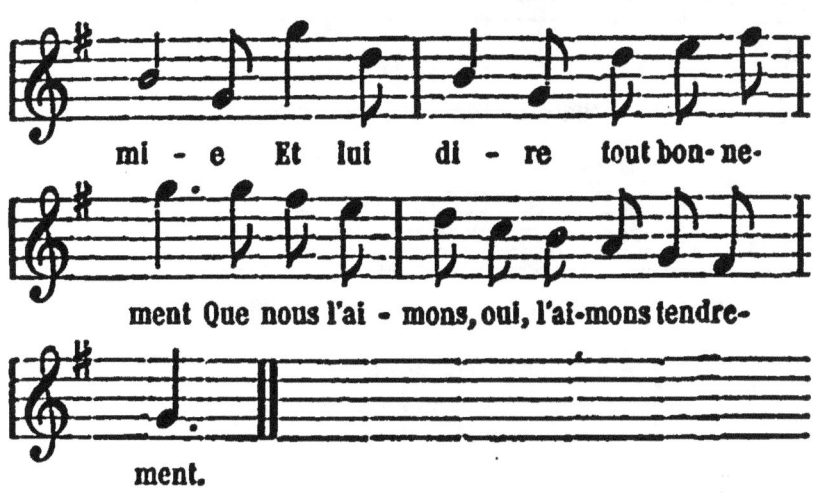

mi - e Et lui di - re tout bon- ne- ment Que nous l'ai - mons, oui, l'ai-mons tendre- ment.

VIRGINIE.

Mais, chères petites, ce n'est pas à vous à commencer.

EMMA.

Eh! pourquoi donc, s'il vous plaît?

(Les petites continuant de chanter).

Continuation de l'air.

Cha - cu - ne de nous est, dit - on, pe- ti - te, Nous le sa - vons : nous manquons de ta- lent; Mais no-tre cœur qui bat, qui bat bien

vi - te, Nous dit aus - si que notre a - mour est

grand. Aus-si nous ar - ri - vons gaî.

Refrain. { Aussi nous arrivons gaîment
Pour embrasser et fêter notre amie,
Et lui dire tout bonnement
Que nous l'aimons, oui, l'aimons tendrement.

EUGÉNIE.

C'est fort bien, mais pourtant nous ne souffrirons pas que les plus jeunes aient l'air de nous donner l'exemple.

ADÈLE.

Oh! il me vient une bonne idée : tirons au doigt mouillé pour savoir qui commenceront des petites ou des grandes.

MARIE.

Ou à la courte-paille ?

ROSE.

Non ce n'est pas cela qu'il faut faire : jugeons entre nous ; mais bien justement, si ce sont les petites ou les grandes qui aiment le mieux Madame, et que celles qui gagneront commencent à la fêter.

TOUTES.

Oui, c'est cela, c'est cela.

LUCIE.

Eh bien ! Constance, toi qu'on dit si raisonnable, fais-nous part de ce que tu penses.

CONSTANCE.

Je le veux bien.

DIALOGUE ET COUPLETS.

Air: *De la Pipe de Tabac.*

AMÉLIE *(plus grande que Constance.)*

Moi, je me doutais que tu parlerais dans ce sens : Madame dit tous les jours que tu es dans l'adolescence.

CONSTANCE.

Mais ce que j'ai dit n'est-il pas vrai ?

AMÉLIE.

Non, ma bonne amie. *(Elle chante.)*

Air : *Je loge au quatrième étage.*

C'est je le sens dans la jeunesse Que l'on aime avec plus d'ardeur. La raison guide la tendresse, Car elle éclaire notre cœur Car elle éclaire notre cœur. De celle que l'on a choi-

DIALOGUE ET COUPLETS.

si - e On con-naît tous les at - tri-

buts; On doit mieux ché - rir une a-

mi - e Dès qu'on sait pri - ser ses ver-

tus On doit mieux ché - rir une a-

mi - e Dès qu'on sait pri - ser ses ver-

tus.

SOPHIE *(qui doit être moins grande).*

Ah! tu fais comme Amélie: tu juges à ton avantage.

EMMA.

Mais aussi, nous ne nous en rapporterons pas à ton sentiment.

AMÉLIE.

Ecoutez, Mesdemoiselles, je vous ai dit ce que je pensais : si vous pouvez l'emporter sur moi, je ne m'y oppose pas : et je dirai à la manière d'Epaminondas: je suis charmée de voir qu'il y a beaucoup d'élèves plus tendres et plus reconnaissantes que moi.

ADÈLE.

Ah! tu as l'air bien sûr de ton fait.

MARIE.

Parce qu'elle cite Epaminondas, comme si nous connaissions ce petit garçon-là.

ÉLÉONORE.

C'était un grand homme, Mademoiselle.

MARIE.

Eh! qu'est-ce que ça me fait : il n'est pas question d'homme ici, puisque nous ne sommes que des jeunes filles.

CONSTANCE.

Au fait, Amélie, rien ne prouve que tu aies gagné ton pari ; car chacun dit qu'on ne peut être juge et partie dans sa propre cause.

ADÈLE.

Non, non, elle ne l'a pas gagné, ni toi non plus Constance.

AMÉLIE.

Qui te le fait croire?

ADÈLE.

Mon cœur, mon propre cœur, qui me dit que j'aime notre chère institutrice autant qu'il est possible de l'aimer.

LUCIE.

Nos cœurs disent la même chose.

BERTHE.

Oui, les petites en ont aussi bien que les plus grandes.

EMMA.

Et toutes nous prouverons que nous avons du cœur.

EUGÉNIE.

Eh! Mesdemoiselles, comme vous vous échauffez ! En vérité, si vous aviez des épées, je ne sais ce que cela deviendrait.

SOPHIE.

Heureusement leurs armes ne sont pas bien dangereuses.

MARIE.

Oh! non, ce ne sont que des bouquets.

LOUISE.

Néanmoins nous ferions mieux d'être d'accord.

Air : *De Fleurette ou celui qui précède.*

Notre amie, ici, nous rassemble,
Nous y venons pour la fêter :
Ainsi nous quereller ensemble (*bis*).
Est un mal qu'il faut éviter.
(*Aux petites.*) Je crois à votre amour extrême,
(*Aux grandes*) Je crois à votre vive ardeur ;
Mais nous l'aimons toutes de même (*bis*).
Si j'en juge d'après mon cœur (*bis*).

ÉLÉONORE.

Ah! voilà ce qui s'appelle bien parler !

MARIE.

Moi, je suis satisfaite. Et toi, Emma ?

EMMA.

Oui, dès lors que les grandes conviennent que nous savons aimer aussi notre seconde mère.

ROSE.

Et cela doit être ainsi : ne l'est-elle pas des petites comme des grandes.

VIRGINIE.

Soyons donc d'accord : c'est le moyen de lui prouver notre respect et notre tendresse.

LUCIE.

Puisque vous convenez que nous l'aimons autant que vous le faites, nous n'avons plus de motif pour nous quereller. (*Elle chante.*)

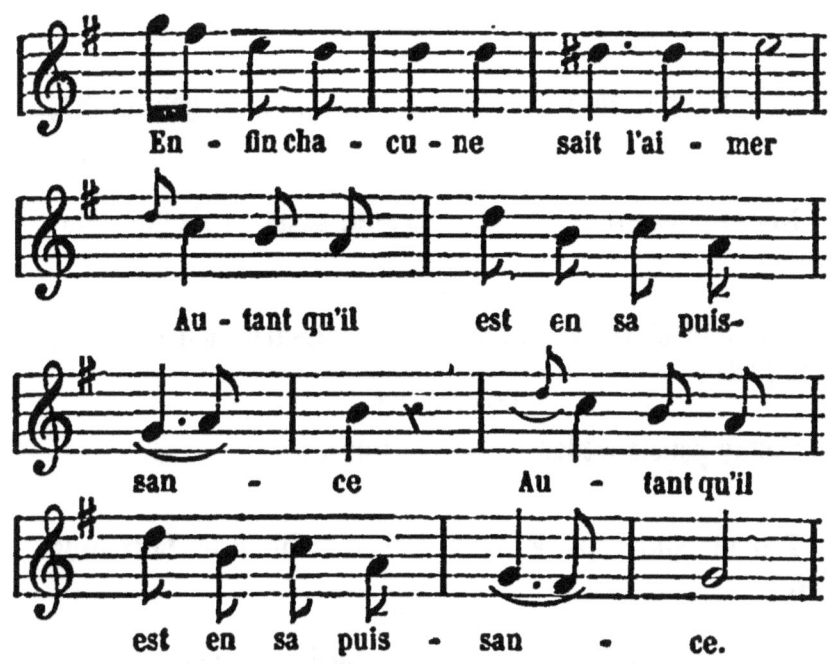

En-fin cha-cu-ne sait l'ai-mer
Au-tant qu'il est en sa puis-
san - ce Au - tant qu'il
est en sa puis - san - ce.

ЕММА.

Eh bien! fêtons-la toutes ensemble, puisque nous la chérissons toutes de même.

LES GRANDES.

Mais nous n'avons pas de bouquets.

SOPHIE.

Allons les chercher.

ROSE.

Oui, oui, allez les chercher. *(Toutes les petites rient.)*

ÉLÉONORE.

Vous riez?... Ah! vous nous avez joué quelque tour.

ADÈLE.

Tu crois?...

EUGÉNIE.

Moi, je devine : voyez comme leurs bouquets sont gros.

VIRGINIE.

Ah! mesdemoiselles, vous avez cueilli toutes les fleurs de vos petits jardins et des nôtres, ce n'est pas bien.

SOPHIE.

Je reconnais mes roses mousseuses, mes géraniums, mes.....

ADÈLE.

Nous ne les avons pas cueillis pour nous, mais pour Madame

ROSE.

Pourquoi n'avez-vous pas pensé vous-mêmes à faire des bouquets?

CONSTANCE.

Nous y pensions bien, et nous allions.....

LUCIE.

Tant pis pour vous, Mesdemoiselles, il fallait les faire plus tôt.

VIRGINIE.

Ce que tu dis là n'est pas bien, Lucie: Peut-on offrir ce qui n'est pas à soi ?

EMMA.

Mes amies, vous savez que cela ne se doit point ; ainsi ne faisons pas de mauvaises malices.

MARIE.

Je comptais si peu offrir moi-même toutes ces fleurs que j'ai fait deux bouquets ; tiens, Virginie, voilà celui qui vient de ton jardin.

VIRGINIE.

A la bonne heure.

(Les autres petites donnant aussi un bouquet à chaque grande.)

Tenez, tenez, mes bonnes amies, voici vos fleurs.

LUCIE.

C'était pour vous taquiner ce que nous en faisions.

EMMA.

Assurément: nous savons trop bien ce que Madame nous recommande, pour manquer à la justice et à la droiture en cette circonstance.

DIALOGUE ET COUPLETS.

Air : *De prendre femme un jour, dit-on, ou autre.*

Nous offririons mille moissons
De mille fleurs toutes nouvelles,
Si nous manquons à ses leçons
Elles lui sembleront moins belles.
Ses désirs nous sont bien connus
Offrons-lui donc à l'instant même,

TOUTES RÉPÈTENT.

Moins de fleurs et plus de vertus :
Ce sont les seuls présents qu'elle aime.

BERTHE.

Ainsi, vous n'êtes plus fâchées, mesdemoiselles?

ÉLÉONORE.

Non, mon enfant : vous avez sacrifié vos fleurs pour plaire à notre chère institutrice; car, j'en reconnais aussi dans nos bouquets; et nous, nous sacrifions volontiers notre petit ressentiment.

MARIE (*chantant*).

Air : *Qu'on soit jaloux dans sa jeunesse.*

Moderato.

Pour plaire à notre digne a-
mi-e, Mon Dieu! que ne fe-rions-nous
pas? Pour lui prou-ver qu'elle est ché-
ri-e Rien ne cau-se de l'em-bar-

DIALOGUE ET COUPLETS.

ADÈLE.

Air : *De la Pipe de tabac* (noté plus haut.)

Si l'amitié portait des ailes
Elle nous y ferait aller ;
Mais nos sentiments sont fidèles
Ils ne peuvent pas s'envoler.
Va, restons près de notre amie ;
Et, s'il nous faut quitter ces lieux,
Du moins à sa fête chérie
Nous lui viendrons offrir nos vœux. (*Bis.*).

VIRGINIE.

Air : *Qu'on aime bien pour la première fois.*

Ah ! pourrions-nous jamais oublier celle
Qui consacra tous ses talents pour nous ?
Non, je le sens, notre amitié fidèle

En doit garder un souvenir bien doux,
En doit garder un souvenir bien doux.

DEUXIÈME COUPLET.

Auprès de toi, dès ma plus tendre enfance,
Je ne passai que les plus heureux jours;
Aussi mon cœur plein de reconnaissance
Voudrait des tiens embellir tout le cours. (*Bis.*)

UNE PETITE.

Air : *Aux Montagnes de la Savoie.*

Je suis encore trop jeunette Pour faire de beaux compliments; Pourtant je serais satis-

UNE TOUTE PETITE.

Air : *Père Capucin.*

Tu ne sais donc pas ce qu'il nous faut faire,
    Ce qui dans ce cas
    Tire d'embarras?
Allons près d'elle à petits pas,
Et quand nous serons dans ses bras;
Un tendre baiser tire bien d'affaire,   }
Un tendre baiser tire d'embarras.   } *(Bis.)*

UNE AUTRE PETITE.

Air : *Ah! vous dirai-je maman.*

Comme si vous étiez Maman,
Je vous fête dans ce moment

Avec un plaisir extrême,
Et je sens que je vous aime,
Que je vous aime tendrement
Comme si vous étiez maman.

SOPHIE.

Eh bien ! mes bonnes amies, voilà encore les plus petites qui nous donnent l'exemple ! Allons, unissons-nous pour la fêter, puisque nous sommes toutes d'accord pour l'aimer. *(Elles se prennent toutes par la main et forment un rond autour de leur maîtresse.)*

Air : *C'est l'amour, l'amour, etc.*

Allegro.

Ah ! fê- tons, Al - mons, chantons notre
a - mi - e, Si bien ché - ri - e,
Don - nons-lui par notre a - mour le
plus jus - te re - tour.
Ce cercle est l'i - ma - ge fi-
dè - le De no - tre ten-dres - se sans

DIALOGUE ET COUPLETS.

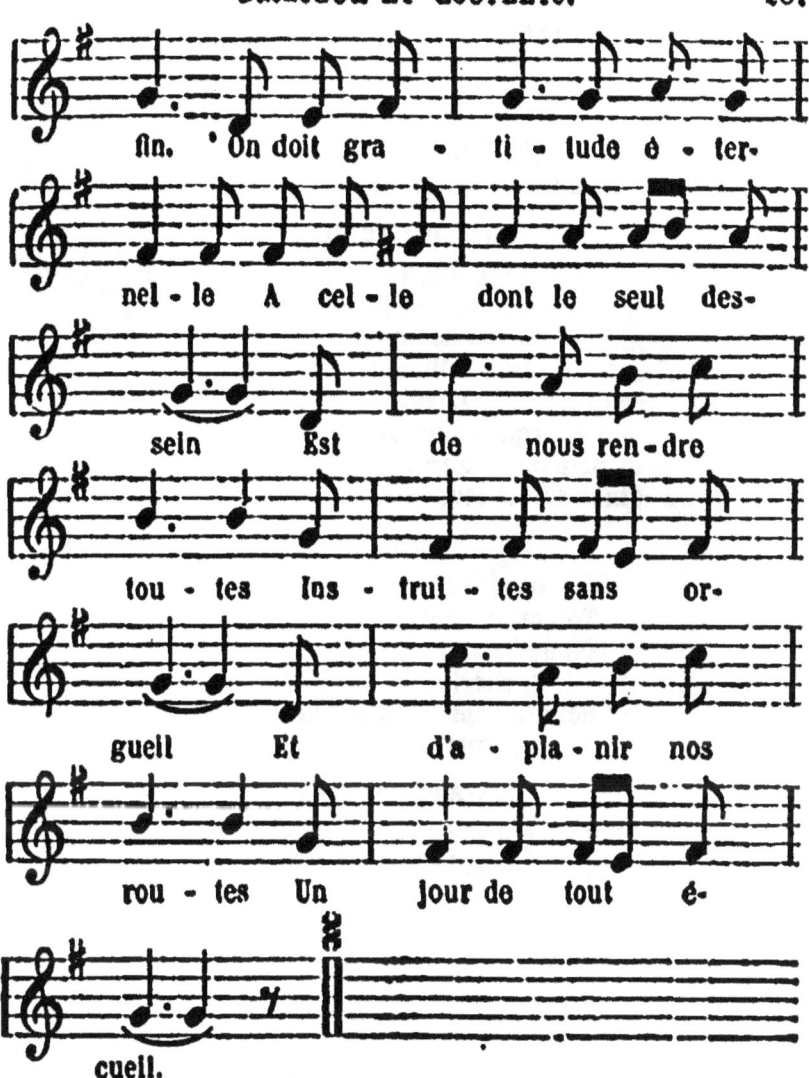

fin. On doit gra - ti - tude é - ter-
nel - le A cel - le dont le seul des-
sein Est de nous ren - dre
tou - tes Ins - trui - tes sans orgueil Et d'a - pla - nir nos
rou - tes Un jour de tout é-
cueil.

(Toutes ensemble.)

REFRAIN.

Ah! fêtons,
Aimons, chantons, etc.

DEUXIÈME COUPLET.

Daigne accepter cette couronne,
Signe que nous suivrons ta loi :
(Deux petites la posent sur la tête de l'institutrice.)
C'est l'innocence qui la donne,
L'amitié qui la fit pour toi.
Tendre seconde mère,

Ton empire est si doux
Que notre vie entière
Tu règneras sur nous.

REFRAIN.

Ah! fêtons,
Aimons, chantons, etc.

TROISIÈME COUPLET.

Oui, bonne, sage, digne amie,
Oui, tous tes doux enseignements
Règleront durant notre vie,
Epureront nos sentiments.
Avec ce point de mire,
Ils deviendront meilleurs,
Et tu pourras te dire :
J'ai bien formé leurs cœurs.

REFRAIN.

Gardons
Toujours les leçons
De notre amie
Si chérie.
Nous devons juste retour,
A son constant amour.

QUATRIÈME COUPLET.

Et Dieu qui garde en sa mémoire
Le bon vouloir et le bienfait,
Doit unir à ta propre gloire
Tout le bien que nous aurons fait.
Avec cette espérance
Plus d'esprits abattus,
Si pour ta récompense
Il te faut nos vertus.

REFRAIN.

Tes leçons
Nous garderons,
O notre amie
Si chérie!
Nous le devons en retour
De ton constant amour.

DIALOGUE ET COUPLETS

APRÈS UNE

DISTRIBUTION DES PRIX D'UN PENSIONNAT

DIALOGUE ET COUPLETS

APRÈS UNE

DISTRIBUTION DES PRIX D'UN PENSIONNAT

SOPHIE *(tenant des livres et des couronnes). Elle chante.*

Air : *Trahit l'incognito.*

Allegro.

Plus de doute ou d'in-qui-é-tu-de, En-fin au gré de mes sou-haits, Ces heu-reux prix de mes é-tu-des Me sont ad-ju-gés

aug-men - te   le   prix.

JEANNETTE *(élève arrivant de son village).*

Vous êtes bien heureuses, Mesdemoiselles, d'avoir comme ça des livres et des couronnes; moi je n'ai rien et ça n' me rend pas b'en aise.

ELISA *(autre nouvelle arrivée, mais non villageoise).*

Ni moi non plus, je suis arrivée trop tard pour concourir avec vous, Mesdemoiselles; aussi, je n'ai point le plaisir d'être couronnée; mais loin d'être fâchée de vos succès, je m'en réjouis. *(Elle chante.)*

Même air.

Voir couronner une compagne
Est un plaisir pour un bon cœur;
Sans faire châteaux en Espagne,
On peut espérer même honneur. (*Bis.*)
Du travail de toute une année
Sans doute on recueille les fruits,
A son tour on est couronnée
Puis on obtient des prix. (*Bis.*)

Souvent une enfance légère
Retarde beaucoup les progrès,
Mais à ses parents veut-on plaire,
On obtient enfin des succès. (*Bis.*)
Dès que l'on se fait une étude
De suivre en tous points leurs avis,
Du travail on prend l'habitude
Puis on obtient des prix. (*Bis.*)

JEANNETTE.

Pour moi, j' n'aurons jamais c'te gloire, j' sommes trop en retard.

CLÉMENCE.

Bah! bah! il ne faut pas te décourager : avec de la bonne volonté on vient à bout de tout, de tout ce qui est possible, s'entend.

JEANNETTE.

Ah! de la bonne volonté, *j'en aurions* bien pour toute autre chose; mais voulez-vous que *je vous le disions*, avoir toujours le nez sur un livre ou sur du papier blanc qu'il faut noircir avec de l'encre, ça m'ennuie ça, voyez-vous. *(Elle chante.)*

Air: *Chante, chante Troubadour, chante.*

Moi je re-grette en not' village Et not' campagne et nos travaux: A ceux-là j'avions du courage, Et puis j'dé-ni-chions des moi-gneaux. J'cueil-lais sur l'her-bet-te fleu-rie e Des margue-ri-tes par mil-

HENRIETTE.

Je vois, ma bonne amie, que vous avez l'ennui du pays; c'est bien naturel quand on n'a jamais quitté la campagne.

JEANNETTE.

Non, je ne *l'ons* jamais quittée : ma grand'mère qui me trouvait faible et *mézeline* a toujours voulu me garder dans sa ferme où elle me faisait boire du bon lait, allez; puis, au lieu de m'envoyer à l'école, elle me laissait aller à droite, à gauche, avec les moutons, avec les vaches : ah! c'était-y amusant ça!

CLÉMENCE.

J'en conviens; mais puisque votre papa qui a fait fortune à la ville, veut vous faire donner de l'instruction, il faut en profiter, ma chère.

JEANNETTE.

Mais à quoiqué *ça m'* servirait?

HENRIETTE.

A quoi! mais à apprendre toutes sortes de choses qui pourront vous être utiles par la suite et même qui vous amuseront; car, convenez-en, vous ne pouviez pas tenir grande conversation avec vos vaches et vos moutons.

CLÉMENCE.

Puis, quand votre papa vous rappellera chez lui, où il reçoit souvent du monde, vous ne voudriez pas le faire rougir.

JEANNETTE.

Faire rougir mon père! Apprenez, Mademoiselle, que *je* sommes une brave et honnête fille, et que *jé né ferons* jamais rien pour ça.

CLÉMENCE.

J'en suis persuadée, ma bonne; mais je veux vous expliquer......

JEANNETTE.

C'est inutile. Apprenez, Mademoiselle, que dans not're canton *j'étions* citée pour la plus sage, et que not're Recteur vantait beaucoup ma piété.

CLÉMENCE.

Oh! ma bonne amie, vous avez ce qui vaut mieux que tout le reste.

Air : *Depuis longtemps j'aimais Adèle.*

Con - so - la - tri - ce de la vi - e, La pi - é - té dans tous les temps se - ra la com - pa - gne ché-

SOPHIE.

Mais ma chère Jeannette, en pratiquant ici, comme dans votre village, une vertu si nécessaire pour le présent et pour l'avenir; vous pouvez, ce me semble, vous efforcer de vous instruire, afin de n'être jamais déplacée nulle part : c'est ce qu'a voulu vous faire comprendre Clémence, trop bonne assurément pour avoir voulu vous faire de la peine.

JEANNETTE.

J' comprenons à présent. Mais si vous saviez comme c'est ennuyeux d'entendre parler de la *grand'-mère* de je ne sais qui, de la *giographie* de je ne sais quoi, et de l'histoire d'Alexandre le grand ou le petit quand *j' n'ons* jamais connu ces originaux là!

HENRIETTE.

Eh! ma chère, peu à peu, vous apprendrez à les connaître.

JEANNETTE.

Je ne tiens pas à faire leu' connaissance, moi. A quoi donc qu' ça m' servirait?

OLYMPE.

A avoir de l'instruction, à ne pas vous ennuyer dans la bonne compagnie; à y plaire à votre tour.

JEANNETTE.

Oh! pour y plaire comme les belles dames je sais un bon moyen : J'examinerai bien comme elles sont mises, *j' dirons* à mon père d' m'acheter tous leurs beaux *affiquets*, et vous verrez, vous verrez?

L'aut're jour *j'ons* essayé l' chapeau, l' voile, l'écharpe de Mademoiselle Julie, eh! ben, j'avions l'air d'une belle demoiselle et point du tout d'une paysanne.

OLYMPE.

A la bonne heure; mais quand vous parlerez?

JEANNETTE.

Je n' parlerons point. *(D'autres rient.)* Ah! ah! ah!

OLYMPE.

En vérité, ce sera bien amusant pour vous et pour la société où vous vous trouverez.

HENRIETTE.

D'ailleurs, plus on a d'instruction, plus on peut se rendre utile. Quand vous serez chez votre papa, qui est à la tête d'un grand commerce, ne faudra-t-il pas lui être bonne à quelque chose?

DIALOGUE ET COUPLETS. 293

S'il lui manque un commis, par exemple, ne serez-vous pas heureuse de pouvoir lui en tenir lieu?

JEANNETTE.

C'est vrai; mais, bah! avec de l'argent on a de tout, et mon père en a. *(Elle chante.)*

SOPHIE.

Oui, ma chère; mais si on les perd, qu'est-ce qui reste? Tenez, que je vous conte une petite histoire, qui vous apprendra à quoi peut servir la science. Un philosophe....

JEANNETTE.

Un phiso.... philosophe! Quoiqu' c'est qu'ça?

SOPHIE.

Un homme sage, un savant, il se nommait Bias, se trouvant au milieu de l'embrasement de Prienne sa patrie, au lieu d'exposer ses jours pour sauver quelques-unes de ses richesses, comme ses concitoyens le faisaient ou de se désoler de les avoir perdues, il se montra calme et tout à fait résigné. Quelqu'un lui demanda d'où naissait sa tranquillité? De ce que je porte tout avec moi, répondit-il.

JEANNETTE.

Mais puisqu'il n'avait plus rien !

SOPHIE.

Pardon, pardon, ma chère: il possédait sa science, que nul événement ne pouvait lui ravir, qu'il pouvait emporter partout avec lui, et qui servit toujours à le faire vivre honorablement.

JEANNETTE.

Je comprends cela pour un Monsieur, pour le magister de notre village, par exemple ; mais moi j'ai vu *cheuz* nous une belle dame de Paris qui venait boire le lait d'ânesse, et respirer le bon air pour rétablir sa santé ; toute la journée elle s'occupait à se parer, et disait que pour une demoiselle, il suffit d'être jolie.

HENRIETTE.

Fameuse morale! Elle n'avait guère d'esprit cette belle dame de passer tout son temps à se parer! Je ne m'étonne pas qu'elle fût malade : elle devait mourir d'ennui !

CLÉMENCE.

D'ailleurs, ma chère amie, la jeune personne qui est belle, et qui se contente de ce frivole avantage est bien folle assurément. Espère-t-elle donc être toujours jolie? Est-ce que les maladies et les années ne finissent pas par détruire la beauté? Alors que restera-t-il à celle qui n'a voulu acquérir ni savoir, ni talents?

Tiens, écoute cette petite fable, elle te fera peut-être comprendre pourquoi les parents veulent que leurs enfants apprennent.

Récite-la, Marie ; tu la sais bien.

MARIE (*récitant*).

Le cerisier à fleurs doubles et le cerisier à fleurs simples.

> Par un des beaux jours du printemps,
> Une mère sensible et sage
> Se promenait dans un vert paysage
> Avec sa chère Emma, fillette de quinze ans.
> C'était une autre fleur nouvelle
> Que le zéphyr amenait près des fleurs :
> Elle en avait les brillantes couleurs,
> Le vif éclat qui la rendait si belle.

Aussi son miroir imprudent
Lui montrait fréquemment sa figure jolie;
Et le dessin, la douce mélodie,
Les livres, tout était négligé trop souvent.
La mère jouissait, en voyant la nature
Sur son enfant répandre ses bienfaits;
Mais soupirait tous bas, songeant que tant d'attraits,
De l'esprit et du cœur empêchaient la culture.
Tout en rêvant à cet objet chéri,
Un beau cerisier bien fleuri,
Se rencontre à quelques pas d'elle.
Elle en admirait les rameaux,
Espoir d'une saison nouvelle,
Lorsque la jeune Emma l'appelle.
— Viens voir les bouquets les plus beaux,
Dit la fillette émerveillée :
Jamais ceux d'une mariée
Ne furent plus frais que ceux-ci ;
Viens donc, maman, les admirer aussi?
La mère, toujours attentive
A satisfaire son enfant,
A cet appel bientôt arrive
Près de l'arbuste si charmant,
Mais elle dit à sa fille étonnée :
Fi de ton cerisier ! il est à doubles fleurs!
On devrait bien couper tous ces arbres trompeurs
Qui ne donnent rien de l'année.
Viens, ma fille, viens admirer,
Cet autre arbre que je préfère :
Celui-ci donnera, ma chère,
Tous les fruits qu'il fait espérer.
Mais pour le tien, je le compare
A fillette dont la beauté
Fait le mérite trop vanté :
C'est une fleur qui ne prépare
Aucun heureux fruit pour l'été.

JEANNETTE.

Je comprends un peu cela, voyez-vous, parce que *j'ons* souvent rencontré *cheux* nous de ces arbres-là qui n'ont jamais de cerises ; ça me faisait endéver, aussi j' disais au jardinier d' les couper pour faire des fagots.

Mais ce qui m' touche le plus là-dédans c'est *c'te* bonne mère qui *profitions d'tout* pour *éduquer* sa fille.

DIALOGUE ET COUPLETS.

Eh ! *b'en* réussit-elle à ce qu'elle voulait, cette chère maman ?

EMMA *(achevant la fable.)*

Emma comprit à ce langage
Que la jeunesse est un printemps
Qui doit être un doux présage
De vrais biens pour un autre temps :
Ces biens sont les vertus, le savoir, les talents
Dont il faut, dès ses jeunes ans,
Faire un utile apprentissage,
Afin de les avoir pour la suite en partage.

JEANNETTE.

Allons, *v'là qu'est* dit, *v'là qu'est* dit, je veux apprendre aussi ; cela m'amuse, moi, d' vous entendre. D'ailleurs, je ne veux pas qu'on me laisse un jour de côté comme un fagot.

Vous m'aiderez, n'est-ce pas, à *m'éduquer* plus vite?

TOUTES LES AUTRES.

Ah ! bien volontiers.

AMÉLIE.

D'autant mieux, mes bonnes amies, que notre faible science ne peut que s'augmenter, en cherchant à la communiquer à celle qui en a moins que nous. *(Elle chante.)*

Air: *C'est l'amour, l'amour, etc.*

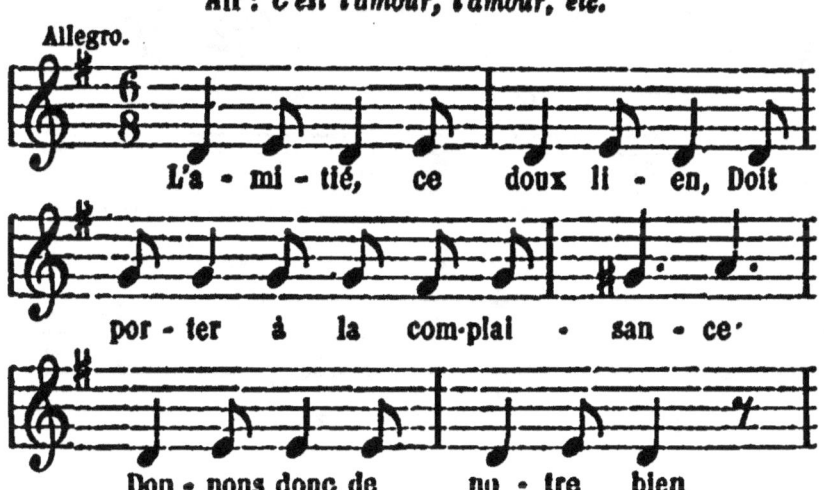

L'a-mi-tié, ce doux li-en, Doit por-ter à la com-plai-san-ce. Don-nons donc de no-tre bien

REFRAIN *que toutes répètent.*

L'amitié, ce doux lien,
Doit porter à la complaisance :
Donnons donc de notre bien
Et nous n'en perdrons rien.

JULIE (*une plus jeune élève*).

Mais cependant, Jeannette, si elle apprend bien, sera l'année prochaine une concurrente de plus, et il y aura, de cette façon, moins de prix pour nous.

CLÉMENCE.

Fi ! fi ! la mauvaise pensée, ma petite ! ne sais-tu pas que la charité doit nous engager à souhaiter et à procurer aux autres le même bien qu'à nous ?

JULIE.

Tu as raison, j'ai tort. Va, Jeannette, je te ferai lire souvent dans mon beau livre pour que tu perdes l'habitude de dire : *j'ons été, j'ai tété.*

JEANNETTE.

Je te remercie; et je t'écouterai bien afin que je puisse dire dans un an j'ai *tété* bien sage.

JULIE.

C'est cela, et chacun pourra dire: elle a *tété* de la science.
Alors nous nous réjouirons encore, et nous chanterons comme aujourd'hui.

(*Même air.*)

TOUTES RÉPÈTENT CE REFRAIN.

Quel bonheur! Ah! quel plaisir!
D'avoir ainsi des récompenses!
Cet espoir pour l'avenir
Nous fera réussir.

JUSTINE.

Ce n'est pas tout que de chanter et de nous réjouir, mes bonnes amies : j'aurais voulu, moi, pouvoir aussi offrir des prix à nos chères institutrices qui nous les ont donnés, à nos bons parents qui nous ont mises à même de les obtenir, et à notre digne pasteur qui y a répandu un nouveau lustre en nous les présentant lui-même.

LOUISE.

Quant à nos bonnes maîtresses je sais un moyen de les récompenser de leurs soins et de leur entier dévoûment.

Air : *Trahit l'incognito.*
(Noté au commencement de ce dialogue.)

Oui pour payer avec usure
Les soins qu'elles prennent de nous,
Moi, je connais, je vous assure
Un moyen facile et bien doux : (*bis*)
Gardons avec reconnaissance

(*Mettant la main sur son cœur.*)

Ici leurs préceptes inscrits :
Nos vertus et notre science
Seront leurs plus doux prix (*bis*).

DEUXIÈME COUPLET.

Un bon jardinier avec zèle
Soigne l'arbre qu'il a planté,
Il aime à la saison nouvelle
Cueillir un fruit bien mérité (*bis*).
Ainsi l'institutrice heureuse
De ses soins recueille les fruits,
Si son élève est vertueuse
Elle a le plus doux prix.

TROISIÈME COUPLET.

Quant aux parents dont la tendresse
Prévient tous nos moindres besoins,
Du Pérou toutes les richesses
Ne sauraient acquitter leurs soins (*bis*).
De leurs bienfaits incalculables

(*Montrant son cœur.*)

Là, les souvenirs sont inscrits,
Nos sentiments inaltérables
Seront leurs plus doux prix (*bis*).

QUATRIÈME COUPLET

Et quant au pasteur respectable
Qui forme si bien notre cœur;
Dont la morale douce, aimable,
De nos efforts double l'ardeur.
Ses bienfaits qu'il faut que l'on cèle,
Au ciel sans doute sont inscrits :
Ses vertus, sa bonté, son zèle
Y trouveront leur prix *(bis)*.

TABLE DES DIVERSES PIÈCES

	Pages.
Le Prix de vertu.	11
La Belle-Mère et la Belle-Fille	63
La Sainte-Catherine.	97
La Fille inconnue	125
Les jeunes Filles corrigées.	177
La Tante inconnue.	219
Dialogue et couplets pour la fête d'une Institutrice.	255
Autre dialogue et couplets après une distribution des prix	283

www.ingramcontent.com/pod-product-compliance
Lightning Source LLC
Chambersburg PA
CBHW071330150426
43191CB00007B/685